Nur ein paar Stündchen

Nix wie raus, ganz schnell ins Grüne. Auch mit wenig Zeit lässt sich Großartiges erleben. Kleine und große Abenteuer warten direkt vor der Haustür.

4H

Raus für einen Tag

Man muss nicht das Land verlassen, um neue Welten zu entdecken. Einfach mal einen Tag lang raus aus dem Alltagsallerlei und rein in die Natur.

12H

Ferien für ein Wochenende

Warum auf die große Auszeit warten, wenn man einen Wochenendtrip in der Nähe machen kann? Vergnügen, Abenteuer und Wohlgefühl kompakt und intensiv.

36H

Abenteuer
ESKAPADEN
AUSZEIT
AUSGLEICH
Wochenende
LÄCHELN
STADT. LAND. FLUSS.
LEICHTIG-
KEIT
FREE
ERLEBEN
GRÜN
kleine Fluchten
Lebensfreude
NATUR
GLÜCK
von Barbara Saladin

ABSTECHER
AB SEITE 8

AUSFLÜGE
AB SEITE 98

MINIURLAUB
AB SEITE 180

LIEBE LESERIN, LIEBER LESER,

entdecken, erleben, runterfahren, genießen: Dafür braucht es keine weiten Reisen. Dazu braucht es nur eins: einen Ausflug in die Natur!

Egal ob in der Stadt, in einem Nachbarkanton oder jenseits der Landesgrenze: Basel und seine Umgebung haben vieles zu bieten – mehr als allgemein angenommen.

Für dieses Buch wurden ein paar hunderttausend Schritte zurückgelegt und viel Schönes gefunden. Es ist eine Freude, die fabelhaften Orte und zahllosen Eindrücke in diesem Buch mit allen zu teilen, die das Draußensein lieben.

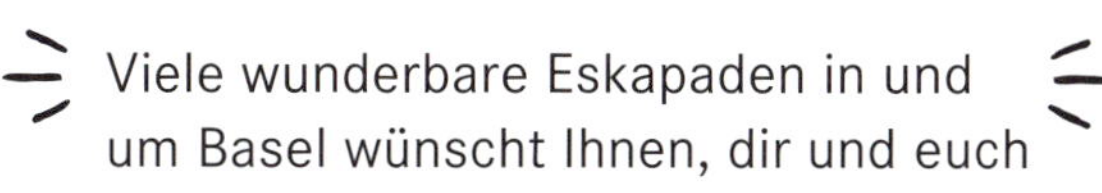

Viele wunderbare Eskapaden in und um Basel wünscht Ihnen, dir und euch

PS: Informationen zum GPX-Download gibt's auf Seite 224.

AUSZEIT.
ABENTEUER.
LEBENSFREUDE.

1. KAPITEL ABSTECHER

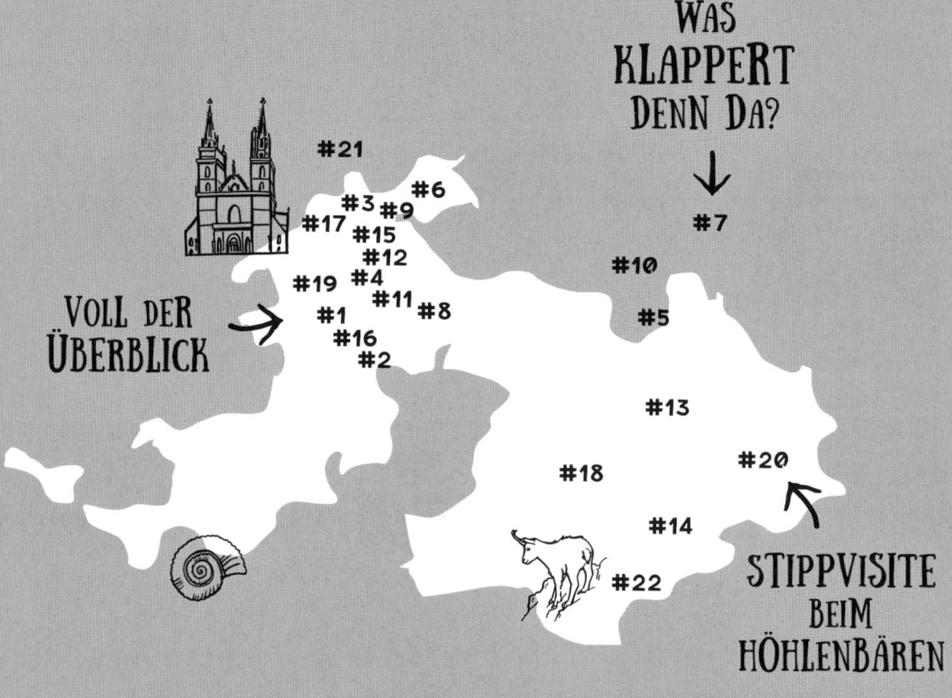

Nur ein paar Stündchen

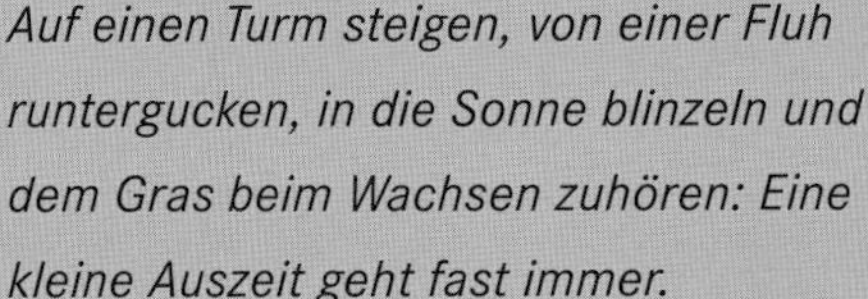

Auf einen Turm steigen, von einer Fluh runtergucken, in die Sonne blinzeln und dem Gras beim Wachsen zuhören: Eine kleine Auszeit geht fast immer.

#1	... auf dem Bruderholz	Seite 10
#2	... vom Dom via Burgruine zum Goetheanum	Seite 14
#3	... im Tierpark Lange Erlen	Seite 18
#4	... auf dem Friedhof Wolf	Seite 22
#5	... auf dem Sonnenberg	Seite 26
#6	... im Wenkenpark in Riehen	Seite 30
#7	... in der Storchenstation Möhlin	Seite 34
#8	... über den Wartenberg	Seite 38
#9	... zum Hornfelsen und darüber hinaus	Seite 42
#10	... Rheinfeldens Altstadt und Rheininsel	Seite 46
#11	... die Irissammlung in den Merian Gärten	Seite 50
#12	... im St. Alban-Tal	Seite 54
#13	... Drei-Flühe bei Sissach	Seite 58
#14	... im Naturschutzgebiet Chilpen	Seite 62
#15	... auf der Fähre und im Münsterturm	Seite 66
#16	... in der Ermitage	Seite 70
#17	... am Rheinufer entlang zum Dreiländereck	Seite 74
#18	... von Ramlinsburg nach Lausen	Seite 78
#19	... auf der Sternwarte	Seite 82
#20	... von Wenslingen nach Tecknau	Seite 86
#21	... in der Petite Camargue Alsacienne	Seite 90
#22	... auf dem Belchengipfel	Seite 94

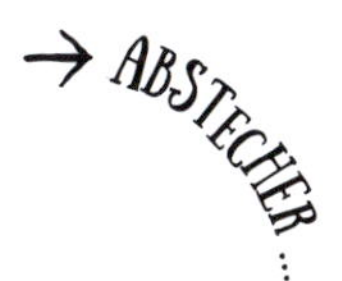

VOLL DER ÜBERBLICK

Basels Hausberg Bruderholz ist nicht nur präferierte Wohnlage der Reichen und Einflußreichen, sondern auch ein Paradies zum Spazieren und Verweilen. Die Batterie lädt ein zum Spielen – und der Wasserturm eröffnet ungewohnte Ausblicke bis über die Stadt hinaus.

#RendezvousmitDino #SpielplatzstattArtillerie #WasserturmalsAusguck

Nicht nur der Blick von der Aussichtsterrasse des Wasserspeichers ist schön, sondern auch die Umgebung.

Deutlich, sehr deutlich weiter zurück in der Geschichte ist der Diplodocus anzusiedeln, einer der längsten Saurier überhaupt, dessen Nachbildung einige Hundert Meter weiter ostwärts neben dem Spazierweg steht. Er ist ein Geschenk des Naturhistorischen Museums Basel und beeindruckt mit seinen enormen Körpermaßen. Dass das pflanzenfressende Ungetüm einst nur in Nordamerika verbreitet war und nicht in der Nordwestschweiz, ist Nebensache.

Das Wahrzeichen des Bruderholzquartiers, das zu den besten Adressen Basels gehört, ist zweifelsohne der Wasserturm. Auf 367 Metern ü. M. überblickt er die Stadt. Er wurde 1926 gebaut und dient auch heute noch als Wasserspeicher. Der Automat am Eingang schluckt einen Einfränkler, dann gibt die Drehtür den Weg frei durch das runde Treppenhaus auf die Aussichtsterrasse. Wer Basel und das Dreiländereck schon immer mal aus einer ungewohnten Perspektive sehen wollte, ist hier genau richtig. Von hier sehen die alten und die neuen Türme der Stadt – also Kirchtürme respektive Hotel- und Firmenhochhäuser – deutlich weniger imposant aus als von unten, und der Blick schweift auch in die Ferne: Dass auf den Panoramatafeln die Namen von Paris, Wien und Berlin stehen, dient natürlich nur der Orientierung. Aber an klaren Tagen sieht man allemal bis weit in die Vogesen, den Jura und den Schwarzwald.

Wer dem Weg des Wassers auch nach dem Besuch des Wasserturms weiter folgen möchte, kommt an der Reservoirstrasse entlang zum Reservoir, das 1860 errichtet wurde

Zwischen den Bäumen des Bruderholz zu finden: ein Wasserturm und ein Dinosaurier.

und heute noch Teil der Trinkwasserversorgung Basels ist. Von hier aus geht es in wenigen Schritten zur Tramstation Jakobsberg und von da zurück in die Stadt hinunter.

FAZIT: WER WAR DENN SCHON MAL AUF EINEM WASSERGEFÜLLTEN RAPUNZELTURM MIT AUSSICHT? EBEN. HINGEHEN!

Hin & weg: Tram 15 oder 16 bis Bruderholz.

Beste Zeit: Winters wie sommers möglich, aber besonders schön bei klarem Wetter. Öffnungszeiten unter www.myswitzerland.ch, Suchbegriff Bruderholz.

Dauer & Strecke: Gemütliche Tour, beliebig verlängerbar.

Ausrüstung: Feldstecher für den Turm.

ROKOKO UND SICHT-BETON

... vom Dom via Burgruine zum Goetheanum

Eine Kirche, eine Burgruine und ein futuristisch anmutendes Festspielhaus – und dazwischen Feld, Wald und Wiese. Wer ausgefallene Gebäude mit einer Wanderung verbinden will, ist zwischen Arlesheim und Dornach auf dem richtigen Weg.

#mitPuten #mitSodbrunnen #ohneEcken

So schnell kann's gehen – zwischen mittelalterlicher Bruchsteinmauer und Betonkoloss liegt kein langer Weg.

→ Abstecher …

Architektur kann je nach Zeitgeist und Geschmack sehr unterschiedliche Formen annehmen. Ein Gebäude erhält also je nach Epoche und Verwendungszweck goldene Schnörkel, steinerne Schießscharten oder abgerundete Kanten aus Beton. So zu erleben auf einer Tour von Arlesheim über die Kantonsgrenze nach Dornach. Die direkte Distanz zwischen Anfangs- und Schlusspunkt beträgt eigentlich nur drei Tramstationen, mit Umweg aber fast sechs Kilometer sowie einige Jahrhunderte Architekturgeschichte zwischen Trutzburg und Goetheanum.

Das erste bemerkenswerte Bauwerk der Tour liegt im Dorfkern von Arlesheim und ist der einzige Dom, den es auf Schweizer Staatsgebiet gibt. Erbaut in der rekordverdächtig kurzen Zeit von nur anderthalb Jahren, wurde er 1681 geweiht. Damals stand die Stiftskir-

Die Ruine Dorneck punktet mit prächtigem Ausblick, der Dom von Arlesheim überzeugt mit seinen üppigen Verzierungen.

che, gemeinsam mit den zur Gesamtanlage gehörenden Domherrenhäusern, noch auf der grünen Wiese. Heute muss man schon ein gutes Stück weiter gehen, um noch kurz auf Grünflächen zu treffen, bevor es in den Wald und bergauf geht zur Ruine Dorneck. Hier bietet sich ein toller Ausblick über das Birseck und ins Sundgau bis runter zur Stadt Basel. Ursprünglich vermutlich aus der Mitte des 11. Jahrhunderts stammend, wurde die Dorneck im Lauf der Zeit zu einer der größten Anlagen der Nordwestschweiz ausgebaut. Etliche Male wurde die Burg verkauft, verpfändet und weiterveräußert, immerhin 60 Landvögte residierten nacheinander auf ihr, und erst die französische Revolutionsarmee schaffte es, sie 1798 zu schleifen.

Schon von oben ist das nächste Ziel der Tour, das Goetheanum, nicht zu übersehen. Von manchem Laien einfach als riesiger Betonkoloss bezeichnet, ist dieses allerdings ein Kulturgut von nationaler Bedeutung und steht unter Denkmalschutz. Der nicht unumstrittene Geisteswissenschaftler Rudolf Steiner ließ das Goetheanum als Festspielhaus und Sitz der Allgemeinen Anthroposophischen Gesellschaft hier nach seinen Entwürfen erbauen, und zwar damals ebenfalls auf der

---

Hin & weg: Tram 10 bis Arlesheim, Dorf. Zurück mit der Tram 10 ab Dornach, Bahnhof oder Zug ab Dornach/Arlesheim.

Beste Zeit: Das ganze Jahr über, im Frühling aber besonders schön.

Dauer & Strecke: Reine Wanderzeit etwa 2 Std., 5,8 km.

Ausrüstung: Etwas zu trinken und eine Zwischenverpflegung.

Hoch über Dornach einfach mal die Seele baumeln lassen, das tut gut.

grünen Wiese. Genauer gesagt: auf dem sogenannten »Bluthügel«, wo die Eidgenossen im Jahr 1499 bei der Schlacht zu Dornach die Schwaben vernichtend geschlagen hatten. Das erste Goetheanum, ein Kuppelbau aus Holz, fiel einer mutmaßlichen Brandstiftung zum Opfer, und 1928 stand schließlich das neue, jetzige Gebäude. Aus Sichtbeton und weit schlechter brennbar. Gemäß der Lehre der Anthroposophie sucht man rechtwinklige Ecken und Kanten fast vergeblich daran.

Auf dem Rückweg zum Bahnhof Dornach-Arlesheim sticht ins Auge, dass nicht nur das Goetheanum selber diese spezifischen Rundungen aufweist, sondern auch etliche Wohnhäuser in der näheren Umgebung in ähnlichem Baustil errichtet wurden. Wer sie alle finden will, hat einiges zu tun: Es sind mehr als 180.

FAZIT: DREIGESTIRN AUS UNIKATEN VERSCHIEDENSTER BAURICHTUNG – KIRCHLICH, BRACHIAL UND VERGEISTIGT.

HEULEN, BLÖKEN, SCHNATTERN

Basel hat seine wilden Tiere aufgeteilt: Im Zoologischen Garten sind die Exoten und im Tierpark Lange Erlen die Europäer zu Hause. Ein Besuch bei Fuchs und Luchs im Kleinbasler Park ist nicht nur zoologisch interessant, sondern hat auch einen hohen Erholungsfaktor.

#zuBesuchbeimTiervonhier #Tierliebe #schönerPark

Im Ausguck beim Entenweiher wird mancher Stadtindianer unversehens zum Späher in der Wildnis – und sein scharfes Auge wird garantiert fündig.

Der Luchs räkelt sich wohlig in der Frühlingssonne. Das Wollschwein kaut genüsslich vor sich hin, während der Uhu mit seinen großen Augen einen Punkt in den Bäumen fixiert, dessen Wichtigkeit wohl nur er erkennt. Im Hintergrund schreit ein Esel. Und all das mitten in Kleinbasel: Im Tierpark Lange Erlen, zwischen gleichnamigem Naherholungsgebiet, Stadt und Bahnanlagen gelegen, leben über 80 Tierarten, Laubfrösche ebenso wie Ponys,

Uhu, Luchs und andere europäische Tierarten, die in der Natur immer weniger Platz zum Leben finden, können im Tierpark bestaunt werden.

Zwergdommeln und Kapuzineraffen. Wobei die Affen aus Amerika eine Ausnahme bilden, denn alle anderen Bewohner der Langen Erlen sind einheimische Haus- oder Wildtiere, die in Mitteleuropa leben oder zumindest früher einmal hier gelebt haben.

Der Tierpark lädt Groß und Klein zu einer kleinen Stippvisite ins Tierreich ein, zum Besuchen, Staunen, Beobachten und Verweilen. In den vergangenen Jahren wurden verschiedene Gehege umgebaut und neben mehr Platz und artgerechter Haltung auf europäische Bewohner geachtet. So zogen beispielsweise die Karibus aus und die Wisente ein. Im großen Ententeich wurde ein Hide erstellt, von dem aus man das bunte Treiben auf dem Weiher beobachten kann, als stünde man irgendwo in der Wildnis. Die frei fliegenden Reiher und Störche, die in den hohen Linden, Eichen und Schwarznussbäumen ihren Nachwuchs aufziehen, tragen das Ihre zu diesem Eindruck bei.

Eröffnet im Jahr 1871 weit außerhalb der Stadt (damals), steht der Tierpark der Bevölkerung seither täglich offen. Sogar Hunde dürfen mit, solang sie an der kurzen Leine geführt werden. Getragen wird er von einem Verein, der auch die nötigen Mittel für die geplante Erweiterung organisiert. Denn der Park soll größer werden, weiteren Tieren wie etwa Schwarzstörchen eine Heimat bieten und der Basler Bevölkerung sowie Besuchern von außerhalb weiterhin als ein Fenster zur Natur in der Region zur Verfügung stehen – und zwar seit dem ersten Tag kostenlos.

FAZIT: EIN SYMPATHISCHER TIERPARK MIT EINHEIMISCHEN HAUS- UND WILDTIEREN. ENTSPANNENDES AMBIENTE, SPANNENDE BEWOHNER.

Hin & weg: Bus 36 bis Lange Erlen.

Beste Zeit: Der Park ist ganzjährig geöffnet Öffnungszeiten unter www.erlen-verein.ch. Der Eintritt ist frei.

Dauer: Ganz nach Lust und Laune.

Ausrüstung: Kleingeld für den Kauf eines Eis am Kiosk und zum Einwerfen ins Spendenkässeli, denn die Langen Erlen leben auch von Spenden.

INSEL DER SANFTEN RUH´

#4

Friedhöfe sind in der Regel nicht Ziele erster Priorität. Außer vielleicht Père Lachaise in Paris oder der Wiener Zentralfriedhof. Basel hat ebenfalls ein sehenswertes Exemplar: den Friedhof Wolfgottesacker, ein Ort der Stille mitten in der lebendigen Stadt.

#InselinderIndustrie #Engelüberall #erhabeneRuhe

Auf dem Wolfgottesacker gibt's keine Wölfe, dafür Rehe. Zumindest als Kunst.

Draußen die pulsierende Stadt, drinnen Grabesruhe. Umgeben von Tramlinien, Straßen, Industrieanlagen und dem Rangierbahnhof, liegt der altehrwürdige Friedhof in Basels Süden und ist eine ganz besondere Oase. Früher war die Tramstation vor dem Hauptportal nach dem Friedhof benannt, heute hat die Haltestelle ihren Fokus auf die andere Seite der Straße gelegt, quasi zum Leben hin, und heißt MParc, nach dem großen Einkaufszentrum vis-à-vis.

Der Wolfgottesacker, wie der älteste noch in Betrieb stehende Friedhof Basels heißt, wurde im Jahr 1872 eröffnet. Damals befand er sich weit außerhalb der Stadt. Heute ist das beileibe nicht mehr so, und so dringen die Geräusche der nahen Industrie- und Gewerbeunternehmen immer wieder in den Mikrokosmos ein, in dem die Zeit irgendwie stehen geblieben zu sein scheint. Auf Wölfe trifft man heute natürlich nicht mehr, wenn man sich im Wolfgottesacker auf einen Spaziergang wagt, aber im 17. Jahrhundert, als die Gegend ihren Namen erhielt, streiften die Tiere durchaus noch vor den Stadtmauern umher. Wenn jemandem jetzt die Fantasie durchgeht und die Gedanken im Zusammenhang mit Friedhof hin zu billigen Werwolf-Horrorfilmen tendieren, dem sei gesagt: Auf dem Wolfgottesacker wimmelt es von Engeln. Aus Marmor, Stein oder Eisen sind sie in Grabmäler gemeißelt, stehen auf Grabplatten und scheinen die Verstorbenen der letzten 150 Jahre zu beschützen.

Entlang der Wege, die immer mal wieder eine unerwartete Wendung nehmen, dominieren die großen Grabstätten, die die Toten einer Familie zum Teil über etliche Generationen aufnehmen. Infotafeln erklären, wo besonders bemerkenswerte Grabsteine zu sehen sind oder wo berühmte Basler begraben liegen. So ruht etwa der Kirchenhistoriker Karl Rudolf Hagenbach aus dem 19. Jahrhundert hier ebenso wie erst vor wenigen Jahren verstorbene Persönlichkeiten, zum Beispiel der Jazzmusiker Georges Gruntz, der Zoologe Hans Leonhard Gustav Wackernagel (langjähriger Direktor des Zoologischen Gartens) und das Mäzenenpaar Oeri-Hoffmann.

Doch sosehr ein Friedhof an den Tod erinnert, es gibt auch Leben hier: In den alten, knorri-

Zwischen den altehrwürdigen Gräbern sprießt neues Leben.

gen Bäumen flattern Tauben, in den Teichen gründeln Enten, und das Quietschen der Züge auf dem Güterbahnhof fliegt während der Rangierarbeiten über die Friedhofsmauer hinweg. Vor allem aber zeigen die Architektur und die Gartenkunst auf dem Areal eindrücklich, dass der Gottesacker mindestens ebenso für die Lebenden geschaffen wurde wie jene, die hier ruhen.

Hin & weg: Tram 10 oder 11 bis Basel, MParc.

Beste Zeit: Ganzjährig, doch gerade in der vegetationsfreien Zeit entfaltet der Friedhof seine Besonderheit, weil die Grabmäler besser zur Geltung kommen.

Dauer: Der Friedhof ist nicht sehr groß, aber eine Handvoll Zeit, um sich darauf einlassen zu können, braucht es schon.

Ausrüstung: Ruhe und Respekt.

FAZIT: ZUR RUHE KOMMEN – ODER EINFACH DEN ERHABENEN FRIEDEN DES EINDRÜCKLICHEN ORTS AUF SICH WIRKEN LASSEN.

KÜSS MICH, FRÜHLING!

... auf dem Sonnenberg die Sonne genießen

Ein Sonntagsspaziergang, um die Sonne zu feiern: Kurz bevor die Blätter an den Bäumen einen Teil der Aussicht wegnehmen, heißt es hoch auf den Sonnenberg und den Frühling willkommen heißen.

#Frühlingserwachen #SonntagmitSonne #HalloNatur

→ ABSTECHER …

Noch vor den Kirschbäumen strecken die Aprikosenbäume ihre Blüten der Frühlingssonne entgegen.

Sonne braucht der Mensch. Sie senkt den Blutdruck, verbessert das Immunsystem und überhaupt: Sie macht glücklich. Ganz besonders im Frühling ist es schön, die Sonne willkommen zu heißen; man kann fast nicht genug bekommen von ihr. Und wo klappt das besser als bei einem Sonntagsspaziergang auf den Sonnenberg?

Von Magden aus geht es bergauf, durch Landwirtschaftsland und an Kirschbäumen vorbei, die bald blühen werden. Etwas später führt der Weg am Waldrand entlang und in den Wald hinein. Hier treffen sich die Kantonsgrenzen von Basel-Landschaft und Aargau, und punktgenau auf der Kantonsgrenze steht auch der Sonnenbergturm. Auf 632 Metern ü. M., zu erreichen nach ein paar Haarnadelkurven. Der viereckige Aussichtsturm erhebt sich 22 Meter über die Baumwipfel. Initiiert vom Rheinfelder Kurverein, wurde sein hölzerner Vorgänger bereits im Jahr 1875 eingeweiht.

Da sich niemand verantwortlich fühlte für das Bauwerk weit weg oben am Berg, verrottete der Turm allerdings bald wieder. 1913, kurz vor dem Ersten Weltkrieg, entstand der jetzige Bau aus Jurasandstein, dessen Pläne man im Turminnern immer noch betrachten kann. Vor allem aber kann man die Aussicht von oben auf die langsam aus dem Winterschlaf erwachende Natur bewundern. Bei klarem Wetter schweift der Blick vom Schwarzwald

Zuerst rauf auf den Berg und dann rauf auf den Turm - so ist man der Sonne am nächsten und hat auch noch den Ausblick auf die Natur ringsherum.

(gleich hinter dem Rhein hinter Möhlin beginnend) bis zu den Alpen (ziemlich weit weg).

Auf dem großen Picknickplatz mit mehreren Grillstellen kommen auch Freunde der gebratenen Wurst auf ihre Kosten. Wer das Essen nicht selber den Berg hochschleppen will - Holz zum Feuermachen ist im Normalfall allerdings vorhanden -, kann sich an Sonntagen auch im Turmstübli der Naturfreunde Möhlin mit Speis und Trank eindecken. Wenn die Schweizer Flagge auf der Turmspitze flattert, bedeutet das: Das Beizli ist geöffnet.

Auch beim Abstieg durch den Wald ins Rebendorf Maisprach sind die Boten des Frühlings allgegenwärtig. Hier sprießen Schlüsselblumen, da presst sich das erste Blattwerk aus den Knospen, und überall singen die Vögel. Die Sonne schickt ihre wärmenden Strahlen zum Sonnenberg - und direkt ins Herz.

FAZIT: FRÜHLINGSDUFT UND SONNTAGSLICHT — EIN SPAZIERGANG, DER DIE VORFREUDE AUF DIE WARME UND HELLERE JAHRESZEIT WECKT.

Hin & weg: Postauto 100 bis Magden, Lanzenberg. Zurück mit dem Postauto 100 ab Maisprach, Dorf.

Beste Zeit: Im Frühling. Und immer sonntags, denn dann ist das Turmstübli in der Regel geöffnet - und das ganzjährig.

Dauer & Strecke: Reine Wanderzeit knapp 2 Std., 5,7 km.

Ausrüstung: Gute Schuhe und Geld, falls das Beizli offen ist.

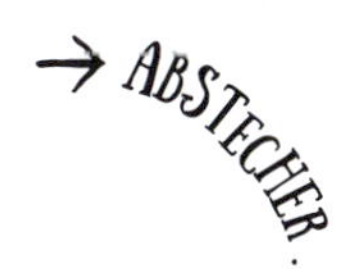

HIRSCH MIT GÜLDENEN AUGEN

… im Wenkenpark in Riehen

#6

Eine ausgedehnte Parkanlage lädt in Riehen zum Verweilen und Lustwandeln ein, bevölkert von Götterstatuen und echten Fröschen: der Wenkenpark. Hier lässt sich sowohl die Nähe zur lauten und hektischen Stadt als auch das 21. Jahrhundert an sich recht schnell vergessen.

#einbisschenVersailles #Noblesseoblige #Lustwandeln

Barockes Lustwandeln im Park. Und immer wieder kommt es zum Rendezvous mit Gottheiten.

Früher wäre eine diese Eskapade undenkbar gewesen, denn für das gemeine Volk gab es keinen Zutritt zum Wenkenpark. Er war den Nobleren vorbehalten. Heute dürfen zum Glück alle in der gepflegten Parkanlage lustwandeln, die aus verschiedenen Teilen aus verschiedenen Epochen besteht.

Da gibt es die Rasenflächen, Bächlein mit Brücken, Weiher und Springbrunnen, auf Antik gemachte Statuen, seltene Bäume und lauschige Spazierwege. Aus der Agglo raus, in eine andere Zeit rein ... im weitläufigen Ensemble des Wenkenhofs lässt es sich gut abtauchen, und fast könnte man meinen, barocke Menschen anmutig in der Anlage stehen zu sehen. Tut man auch, aber es sind dann eben doch nur Skulpturen aus Stein, um die ein leiser Hauch von Versailles weht.

Mehrere Gebäude und Gebäudekomplexe stehen in der weitläufigen Parkanlage: als ältester Teil der Alte Wenken, dessen Wurzeln bis ins Mittelalter zurückreichen, eine barocke Villa, ein Reitplatz mit Halle. In der ehemaligen Reithalle, die heute ein Veranstaltungsort ist, lädt ein Bistro-Café zu einer Pause bei Kaffee und Kuchen. Für Naturfreunde ist der französische Garten mit seinen historischen Zierpflanzen ein ganz besonderes Bijou. Hier finden sich viele historische Zierpflanzen, und zudem hat die Stiftung Pro Specie Rara einen Küchengarten nach historischem Vorbild angepflanzt.

Insgesamt umfasst der Wenkenpark ein Gebiet von rund sieben Hektar in allerbester Lage. Heute gehört er der Alexander Clavel-Stiftung, der Gemeinde Riehen und dem Kan-

Sowohl architektonische als auch botanische Augenweiden sind allgegenwärtig im Wenkenpark.

ton Basel-Stadt gemeinsam. Bei der Bettingerstrasse, die den Park durchschneidet und wo zwei güldene Hirsche den Eingang bewachen, kann man den Blick von einer kleinen Geländekanzel aus somit über zwei der drei Besitzer bis ins Elsass schweifen lassen. Die Hirsche wurden übrigens nach einem Vorbild von Jean Goujon gefertigt, einem französischen Bildhauer aus dem 16. Jahrhundert, der seinerzeit auch den Louvre dekorierte. Ursprünglich waren sie aus Bleiguss und Blattgold, heute posieren allerdings Doubles aus Aluminium auf den Sockeln.

FAZIT: WARUM DENN NACH VERSAILLES SCHWEIFEN, WENN MAN DIE TASCHENAUSGABE DAVON SCHON IN RIEHEN FINDET?

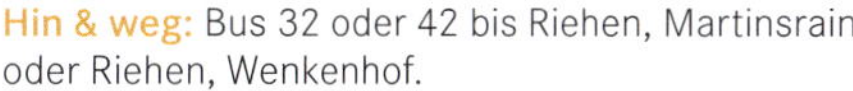

Hin & weg: Bus 32 oder 42 bis Riehen, Martinsrain oder Riehen, Wenkenhof.

Beste Zeit: Im Frühling, wenn alles grünt und blüht. Aber auch sonst empfehlenswert. Öffnungszeiten französischer Garten unter www.wenkenhof.ch, im Sommer teils Führungen an Sonntagen.

Dauer: Je nach Belieben – zu sehen und zu laufen gibt es genug, wenn man mag.

Ausrüstung: Etwas Geld, falls man Lust auf einen Kaffee bekommt.

VÖGELIWOHL

… in der Storchenstation Möhlin

In der Storchenstation Möhlin ziehen die Weißstörche jedes Jahr mehrere Dutzend Junge groß. In dem 50-jährigen kleinen Vogelpark ist immer was los – auch bei den Dauergästen in den Volieren.

#gefiederteFreunde #zuBesuchbeimKlapperstorch #Tierpark

→ ABSTECHER ...

In der Station leben neben den Störchen auch andere schwarz-weiße Vögel: zum Beispiel Schneeeulen.

Es gab eine Zeit, da war der Weißstorch in der Schweiz ausgestorben. Das war in der Mitte des letzten Jahrhunderts. Guckt man jetzt in Möhlin gen Himmel, ist diese Tatsache allerdings kaum noch nachzuvollziehen, denn dort segeln die schwarz-weißen Vögel manchmal in ganzen Trupps durch die Lüfte. Dem später als »Storchenvater« berühmt gewordenen Turnlehrer Max Bloesch ist es zu verdanken, dass der sympathische Stelzvogel wieder da ist. Er startete den ersten Auswilderungsversuch in Altreu/Solothurn.

Im Jahr 1970 folgte die Außenstation Möhlin. Dort sind die Störche heute allerdings längst nicht mehr in Volieren gefangen, sondern leben als Wildtiere gänzlich freiwillig am Ortsrand zwischen Spielplatz und Industrie.

Wer die Storchenstation im Frühling oder Sommer besucht, wird Zeuge der lebhaften Fortpflanzungsfreudigkeit jener Tiere, die der Legende nach auch bei uns für den Nachwuchs zuständig sind. Da klappert es auf den Horsten, da werden Runden geflogen, Eier ausgebrütet und später, ungefähr zwischen Ende April und Ende Juni, bis zu fünf hungrige Schnäbelchen pro Nest gestopft.

Es leben aber auch andere Vögel in dem kleinen Tierpark, der vom Verein Möhlin Natur betrieben wird: Ein Schneeeulenpaar beim Eingang blickt die Besucher durchdringend an, eine Dohle keckert aufgeregt, und im Ententeiher leben verschiedene einheimische Entenarten zusammen. Bemerkenswert, wie verschiedenartig und bunt sie sind und – wenn man die Stockente als Maßstab nimmt – auch wie klein. In der Enten-WG lebt übrigens auch eine weiße Taube. Auch sie ist freiwillig hier. Einmal verletzt abgegeben, wurde sie gesund gepflegt und hat offenbar beschlossen, dass ihr das Leben in der Storchenstation besser gefällt als zu Hause im Taubenschlag.

Die Falken, Eulen, Rebhühner und Bartmeisen haben im Frühling und Sommer manchmal ebenfalls Junge. Wer Vögel mag, sollte unbedingt genügend Zeit einplanen, um die Tiere zu beobachten. Infotafeln bringen einem die Vögel – mit Ausnahme der Schneeeulen ausschließlich mitteleuropäische Arten – ebenfalls näher, und zusätzlich kann man in den Volieren auch immer wieder eine wechselnde Belegschaft von anderen einheimischen Vögeln finden. Denn nur, weil die Weißstörche keiner Unterstützung mehr bedürfen und darum vom Pflege- zum Wildvogel wurden, heißt

Seit 50 Jahren werden in Möhlin erfolgreich Störche wieder angesiedelt. Nach Jahren der Gefangenschaft können sie heute jederzeit wegfliegen, sofern sie wollen.

das nicht, dass nicht andere Vögel gehegt werden müssten: Die Freiwilligen der Station pflegen verletzte und verunglückte Tiere gesund und ziehen jedes Jahr zahlreiche Findelkinder auf – vom Hausspatz bis zur Waldohreule –, die abgegeben werden. Später, wenn die Jungen alt genug und die Verletzten aufgepäppelt und genesen sind, werden sie in die Freiheit entlassen.

Hin & weg: Regionalzug (S1) nach Möhlin. Von da ist es zu Fuß ungefähr eine Viertelstunde zur Storchenstation an der Güterstrasse.

Beste Zeit: März bis Anfang Juli, wenn die Störche brüten und ihre Jungen aufziehen.

Dauer: Wer die Geduld und Freude daran hat, Tiere zu beobachten, kann hier gut ein paar Stunden verbringen. Der Eintritt ist frei, Spenden sind erwünscht.

Ausrüstung: Eventuell ein Fernglas.

FAZIT: AUCH MINI-TIERPARKS HABEN IHRE FASZINATION – GEHEIMTIPP FÜR VOGELFREUNDE.

→ ABSTECHER …

RAPUNZEL, RAPUNZEL

… über den Wartenberg

Gleich drei Burgen auf einen Streich, oder genauer gesagt, drei Ruinen auf einem Berg, das bietet der Wartenberg. Oben gibt's alte Gemäuer zu erkunden, alles zu überblicken – und auf dem Weg zurück wartet ein Hauch Safari.

#dreiBurgenaufdemBerg #runterschauen #Weidetieregucken

Entspannte Zeitgenossen am Wegesrand lassen die Stadt mental in weite Ferne rücken.

Muttenz und Pratteln? Kann man da denn eine tolle Wanderung machen? So tönt die Reaktion vieler, die es gewohnt sind, mit dem Zug durch diese beiden Vororte zu fahren und außer Siedlung, Industrie und Güterbahnhof kaum was zu sehen zu kriegen. Antwort: Ja, man kann! Erstens haben sowohl Muttenz als auch Pratteln unerwartet idyllische alte Ortskerne, und zweitens haben sie den Wartenberg zwischen sich. Von Muttenz her, an der einzigen Wehrkirche der Schweiz vorbei und durch ruhige Quartierstraßen geht es den Hang hoch. Der Aufstieg hat es in sich, aber es lohnt sich, denn schon bei der ersten der drei Ruinen hat man fast alle zu bewältigenden Höhenmeter hinter sich. Ab jetzt geht's nur noch gemütlich.

Der Wartenberg diente während Jahrtausenden – wie der Name schon sagt – als Warte. Von hier aus haben schon die Römer das Rheintal überblickt und kontrolliert, wer da so kommt und geht zwischen dem Bodenseegebiet und der Burgundischen Pforte, dem Oberrhein und den Alpenpässen. Im Mittelalter entstanden auf seinem Bergrücken zu verschiedenen Zeiten drei Burgen, die man alle-

Von der vorderen Ruine aus schweift der Blick über Muttenz und die Stadt Basel bis hinüber zu den Vogesen, die sich aus dem Dunst erheben.

samt besichtigen kann. Für Burgenfreaks also gewissermaßen ein Konzentrat.

Die vordere Burgruine ist die älteste der drei und bietet den besten Ausblick vom Geländesporn über das besiedelte Rheintal. Freiheitsgefühle hoch über Siedlung, Industrie und Güterbahnhof. Den rechteckigen Wohnturm der mittleren und den runden Hauptturm der hinteren Ruine Wartenberg kann man besteigen. Ritter- und Rapunzelfeeling inklusive. Auf der anderen Seite des Hügelzugs geht's dann aus dem Wald hinunter. Auf den restlichen vier Kilometern bis nach Pratteln, durch Feld, Flur und nochmals ein bisschen Wald, ist ein Rendezvous mit allerlei Vieh möglich: Da weiden Schafe und Kühe am Weg, da gehen Pferde vorüber, und unten beim Hof Maienfels hausen sogar Zebras und Perlhühner. Und da soll noch einer sagen, Muttenz und Pratteln seien bloß langweilige Agglo.

FAZIT: KLEINES ABENTEUER VOR DEN TOREN DER STADT. SPORT, AUSSICHT UND GESCHICHTE – WAS WILL MAN MEHR?

Hin & weg: Tram 14 bis Muttenz, Dorf. Zurück mit der Tram 14 oder Regio-S-Bahn ab Pratteln.

Beste Zeit: Geht das ganze Jahr über, zwischen Frühling und Herbst ist es aber am schönsten.

Dauer & Strecke: Reine Wanderzeit rund 2 Std., 6,7 km.

Ausrüstung: Kleines Picknick und was zu trinken.

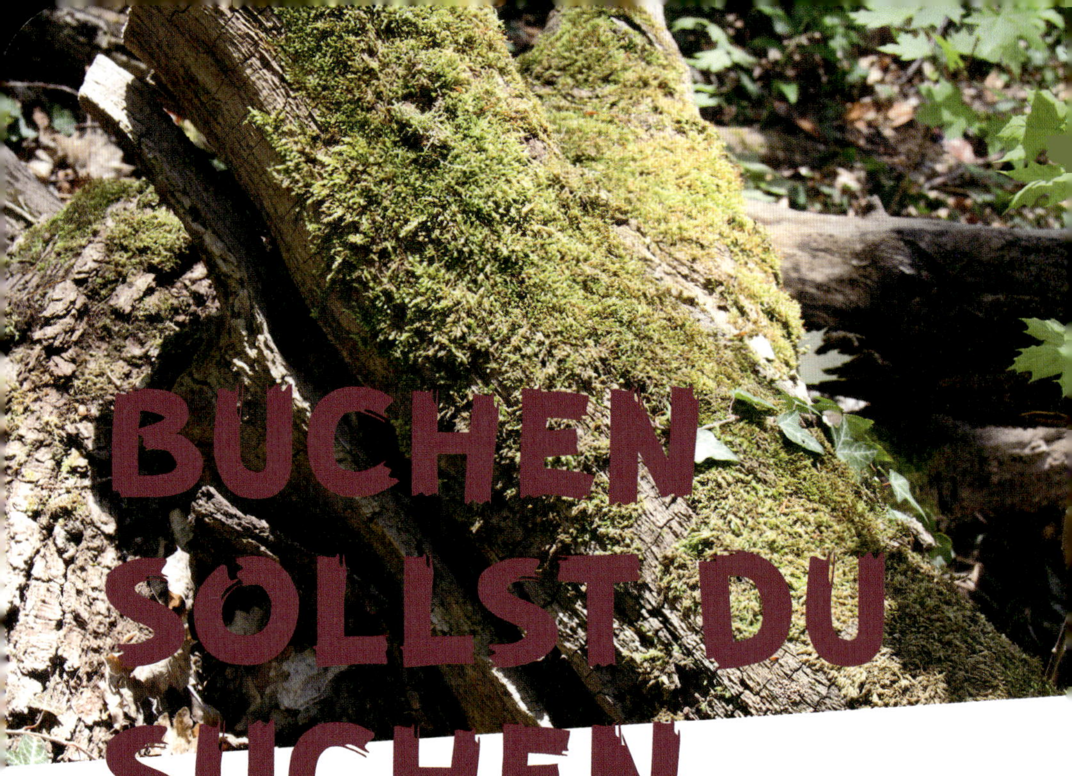

BUCHEN SOLLST DU SUCHEN

... zum Hornfelsen und darüber hinaus

#9

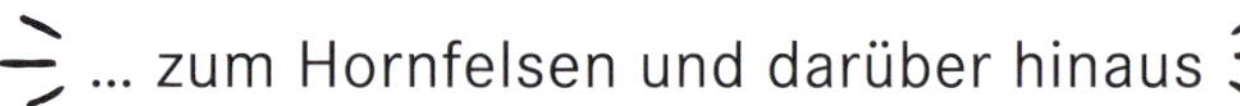

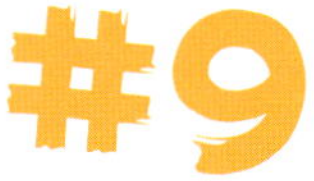

Nur einen Steinwurf von Basel entfernt und doch weit, weit weg. Zwar in Sichtweite, aber trotzdem über allem stehend, und sogar im Ausland. Ein Spaziergang zum Hornfelsen und weiter nach Riehen eignet sich zum Ausklinken vom Alltag und Durchatmen im Laubwald.

#abüberdieGrenze #Waldbaden #hochüberdemHafen

→ ABSTECHER

Frisches, kühles Wasser direkt aus dem Brunnen am Waldrand – am Fuß des Ausserbergs gelegen – löscht den Durst und regt die Lebensgeister.

»Eichen sollst du weichen, Buchen sollst du suchen«. Wer diesen alten Spruch zum richtigen Verhalten während Gewittern auch auf Schönwetterspaziergänge, zum Beispiel im Frühling, ausweitet, liegt mit dem Abstecher auf den Hornfelsen goldrichtig.

Der Friedhof Hörnli ist der größte Friedhof der Schweiz. Hier beginnt die Tour. Mit dem nötigen Respekt ist es nämlich durchaus erlaubt, durch die sorgfältig angelegte, weitläufige Anlage zu spazieren. Übrigens soll es hier auch die größte Rehkolonie des Kantons Basel-Stadt geben – zur Freude der Zufallsbeobachter und zum Leidwesen jener, deren liebevoll gepflanzter Grabschmuck dem Appetit der Huftiere zum Opfer fällt.

Durch die benachbarte Gärtnerei neben dem Friedhof – wo man sich auch mit Wildpflanzen, Kräutern und Gemüse in Bioqualität eindecken kann – geht's auf einen kleinen Spazierweg, der die Grenze markiert. Links die Schweiz, rechts Deutschland. Und dann hoch in den Wald, wo die Vögel singen, trällern und schmettern, als hätten sie nur gerade einen

Vom Hornfelsen aus bietet sich von Osten her eine eher ungewöhnliche Sicht auf Basel – und ein besonders spannender Blick auf den Birsfelder Rheinhafen, der einem buchstäblich zu Füßen liegt.

einzigen Tag dafür zur Verfügung. Zuerst dominieren die Ahornbäume, weiter oben kommen die Buchen zum Zug.

Der Aufstieg ist etwas anstrengend, aber bald ist man oben am Hornfelsen. Er liegt schon auf dem Gebiet der südbadischen Gemeinde Grenzach und lädt ein zum Blick über die Stadt Basel, ins Baselbiet bis hinüber zu den Vogesen. Eine etwas ungewohnte Perspektive, die Stadt zu Füßen zu sehen mit dem Rhein im Vordergrund. Unweit des Felsens, unten im Tal, docken die Tankschiffe aus Rotterdam im Birsfelder Hafen an, hier oben sprießen die kitschgrünen Buchenblätter aus ihren Knospen.

Weiter geht's dann auf weniger anstrengenden Wegen durch den Wald, unter dem jungen Blätterdach durch. Und wieso nicht einfach einmal stehen bleiben, durchatmen oder sich hinsetzen, auf einen Baumstrunk, auf eine Bank, auf den Boden? Eintauchen in den Wald, seine Gerüche und seine Geräusche aufnehmen und das Krabbelgetier beobachten? Oder sogar einen Baum umarmen? Waldbaden nennt sich das. Ist nicht nur total hip, sondern tut auch wirklich gut, das ist wissenschaftlich erwiesen.

Über den Ausserbergweg erreicht man schließlich wieder die menschliche Zivilisation, nämlich Riehen, die größere von Basels zwei Landgemeinden. Hier verschwindet das dominante Buchengrün, aber ausladende Gärten begleiten einen bis hinunter zur Talsohle, wo eine Bahnlinie, Tram und Bus jene, die genug vom Gehen haben, zurück ins städtische Getüm-

mel bringen. Aufgetankt, mit dem Frühlingsduft in der Nase und ein paar Buchenblättern im Herzen.

FAZIT: ÜBER DIE GRENZE, SCHON IST DA WALD. EIN KURZER AUFSTIEG, SCHON IST DA FERNBLICK.

Hin & weg: Bus 34 bis Basel, Friedhof am Hörnli. Zurück mit Bus, Tram oder S-Bahn ab Riehen.

Beste Zeit: Das besondere Grün des jungen Buchenlaubs gibt's nur im April, die Aussicht und der Wald aber bleiben das ganze Jahr.

Dauer & Strecke: Reine Wanderzeit circa 1,5 Std., 5,2 km.

Ausrüstung: Picknickdecke, wenn man sich nicht direkt auf den Waldboden setzen möchte.

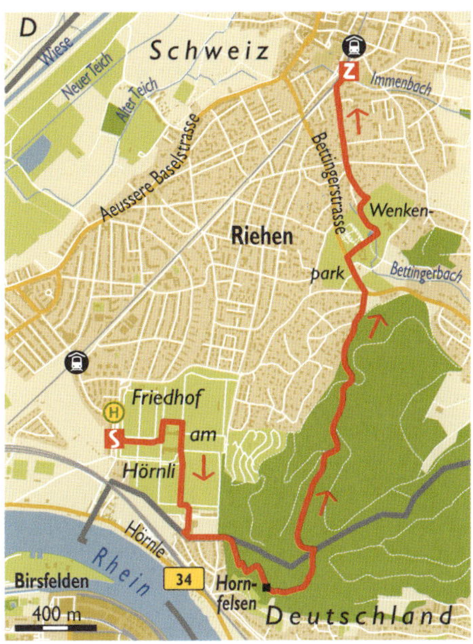

FAST WIE ANNO DAZUMAL

... Rheinfeldens Altstadt und Rheininsel

Pittoreske Gässchen, Blumentröge, Kopfsteinpflaster und per Pferd geliefertes Bier: In der Rheinfelder Altstadt ist die Gemütlichkeit zu Hause. Und auf dem Rheininseli an der Landesgrenze ihre Schwester, die Idylle.

#Pferdestärken #Rheininseli #engeGassen

In der Rheinfelder Altstadt schmiegen sich die schmucken alten Stadthäuser eng aneinander.

Wer mittelalterliche Städtchen mag, der kommt am Aargau nicht vorbei. Denn der Kanton, sonst vor allem für seine Autobahnen bekannt, ist von hübschen Städtchen mit jahrhundertealter Bausubstanz geradezu übersät – nur scheint das kaum jemand so richtig wahrzunehmen. Eines dieser Städtchen ist Rheinfelden, lauschig am Rhein gelegen.

Geht man vom Bahnhof her Richtung Altstadt hinunter (die Wege sind kurz), kommt man sich ein wenig vor, als begebe man sich auf Zeitreise. Die engen Gassen, die zum Teil opulent verzierten Häuser – so richtig verwundern würde es wohl niemanden, wenn plötzlich eine Magd mit Kopftuch und Schürze um eine Ecke geeilt käme, eine Schar Gänse vor

sich her treibend. Wahrscheinlich bleibt die Gänseschar zwar in der Fantasie, aber es kann durchaus sein, dass man beim Spaziergang auf ein Fuhrwerk mit zwei hünenhaften Kaltblutpferden trifft: Die Brauerei Feldschlösschen liefert in die ganze Schweiz, zwar mit modernen Transportmitteln, doch zu Hause in Rheinfelden wird das Bier noch mit echten Pferdestärken gebracht.

In der heutigen Altstadt herrscht eine Mischung aus Beschaulich- und Geschäftigkeit. Da sind einerseits jede Menge kleiner Läden, Kneipen und Cafés und andererseits verträumte Ecken, schmale Gässchen und versteckte Winkel, wo der Atem der Jahrhunderte nachzuhallen scheint. So etwa, wenn man in der Kapuzinergasse unversehens vor dem Commandantenhaus mit dem österreichischen Doppeladler steht (Rheinfelden kam wie das ganze Fricktal erst im Jahr 1801 zur Eidgenossenschaft und gehörte vorher zu Habsburg, also Österreich).

Viele Häuser in der Altstadt tragen zum Teil ausgefallene Namen, heißen Zur Geiss, Zum Papagey, Zum Pfauen, Zum Waldhorn, Zur Pyramide oder gar Zur verkehrten Welt. Was eine Pyramide früher wohl in Rheinfelden verloren hatte? Jedenfalls: Die historischen Anschriften faszinieren und regen die Fantasie an. Wie ein Gruß aus der Gegenwart wiederum wirkt der kleine rote Ortsbus mit deutschem Kennzeichen, der das schweizerische mit dem badischen Rheinfelden verbindet und spielend über die EU-Außengrenze hinwegsetzt, die hier der Rhein markiert.

Ein besonders lauschiger Ort ist das Inseli, erreichbar über die grenzüberwindende Rhein-

Es gibt unzählige Details aus der Vergangenheit und der Jetztzeit zu entdecken: malerische und witzige, nachdenkliche und unwiderstehliche.

brücke, aber noch zur Schweiz gehörend. Hier findet man Ruhe im Grün, umflossen von Gevatter Rhein.

Wer will, kann von hier auch zum Rheinfelder Strandbad schwimmen, allerdings nur wenn der Pegel nicht so hoch ist, dass man beim Spaziergang auf den vorderen Teil des Inselis nasse Füße bekommt.

Hin & weg: Am Bahnhof Rheinfelden halten sowohl die Regio-S-Bahn S1 als auch Schnellzüge.

Beste Zeit: Das ganze Jahr über, aber am schönsten ist es, wenn es warm genug ist, um draußen zu sitzen.

Dauer & Strecke: Etwa 1 Stunde, mit Einkehr auch länger, 1,5 km.

Ausrüstung: Personalausweis für den Spaziergang aufs Inseli: Dieses befindet sich bereits hinter dem Grenzübergang.

FAZIT: FLANIEREN OHNE HEKTIK IN LAUSCHIGER ALTSTADT. FAST EIN WENIG FERNAB VON DER GEGENWART.

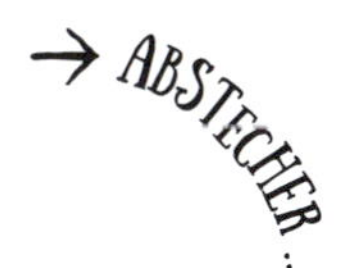

IM FARBEN-TAUMEL

… die Irissammlung in den Merian Gärten

#11

Ein Bad im Farbenmeer der weltgrößten Irissammlung ist nicht nur ein botanisches Erlebnis, sondern auch eine kleine Reise in die Fantasie der Züchter: Was Blumen alles für Namen haben können! Zu finden sind sie in der wunderbaren Oase der Merian Gärten am Stadtrand Basels.

#abgefahreneNamen #BlütenmeeramStadtrand #AhnigvoBotanik

In den Pflanzen abzutauchen hat etwas Magisches, zum Beispiel im Rhododendrontal.

Sie heißen Stop the Music, Omas Sommerkleid und Hochspannung. Sie blühen gleich neben Space Ship, Top Gun, Talisman, Night Owl und Der kleine Postillon sowie rund 1500 weiteren Sorten von Iris in allen erdenklichen Farben und mit allen erdenklichen Namen. Alle gehören sie zur größten wissenschaftlich geführten Irissammlung weltweit: Eine wahre Wonne, die sogar Blumenfans aus Übersee anzieht, in Basel selber aber immer noch als Geheimtipp gehandelt wird.

Gerade mal zwei Wochen im Jahr versprühen die Irisblüten ihren Zauber. Das farbige Blütenmeer ist Teil der Merian Gärten, die einen Schatz an verschiedenartigen Gewächsen bergen. Wer Freude an Pflanzen hat, sollte unbedingt hin. Am Südeingang der Gärten, gleich beim Restaurant Seegarten beim benachbarten Park im Grünen (welcher früher »Grün 80« hieß), taucht man ab ins Rhododendrontal. Von da geht es weiter, entweder entlang eines kleinen Kanals oder über verschlungene Wege am Hang entlang, und überall grünt und blüht und zwitschert und zirpt es. Eine wahre Oase, durch die man sich auch völlig planlos treiben lassen kann, denn irgendwo kommt man immer an.

Natürlich sind die Merian Gärten nicht nur zur Zeit der Irisblüte, sondern eigentlich zu jeder Jahreszeit sehenswert. Gerade im Frühling und Sommer aber kann man sich kaum sattsehen an der prallen Vielfalt an Blumen, Bäumen und Büschen, die aus der ganzen Welt stammen und hier wachsen.

In der ehemaligen Sommervilla des reichen Basler Geschäftsmannes Christoph Merian, im Zentrum der Gärten an einem kleinen Weiher gelegen, gibt es Kaffee und Kuchen. Nicht nur die Spatzen hüpfen um die Gäste, sondern auch Nilgänse geben sich ein Stelldichein und beobachten scharf, ob irgendwo etwas für sie abfallen könnte.

Bei der ehemaligen Getreidemühle auf dem Gelände – sie stammt aus dem 16. Jahrhundert – ist heute die Stiftung Pro Specie Rara zu Hause, welche sich um den Erhalt seltener Nutztierrassen und fast vergessener Kulturpflanzen kümmert. Im Bauerngarten wachsen gefährdete alte Gartenpflanzen und Beeren, und in den Ställen mit großzügigem Auslauf

Place to be: Die Merian Gärten und der benachbarte Park im Grünen sind wunderbare Oasen für Mensch und Tier.

leben selten gewordene Schaf-, Kaninchen- und Hühnerrassen.

FAZIT: FARBENMEER UND SATTES GRÜN, SO WEIT DAS AUGE REICHT.

Hin & weg: Haltestellen nahe der Merian Gärten: Münchenstein, Neuewelt, Basel, Dreispitz und Basel, St. Jakob (Tram 10, 11, 14, Bus 36, 37, 47).

Beste Zeit: Die Irissammlung blüht alljährlich ungefähr im Mai (der aktuelle Stand der Blüten lässt sich unter www.meriangärten.ch in Erfahrung bringen). Ein Besuch lohnt sich aber auch zu jeder anderen Jahreszeit.

Dauer: Ein halber Tag geht hier schnell um.

Ausrüstung: Etwas Geld, um sich einen Kaffee und ein Stück Kuchen zu gönnen, eine Kamera für die schönsten Fotomotive.

GEMACH, GEMACH!

… im St. Alban-Tal

Ein kleiner und wenig bekannter, dafür umso charmanterer Ort in Basel ist das St. Alban-Tal. Hier trifft man auf alte Fachwerkhäuser, Kanäle und ein Ambiente, das trotz ebenfalls vorhandener moderner Architektur das Gefühl vermittelt, man sei um ein paar Jahrhunderte verrutscht.

#Tapetenwechselinthecity #DownTownmalanders #KleinVenedig

→ ABSTECHER

Wo Basel früher bis aufs Blut verteidigt wurde, lässt es sich heute hervorragend chillen.

Das St. Alban-Tal – oder auf Baseldytsch: Dalbeloch – ist eine Welt für sich. Vielen Baslerinnen und Baslern ist gar nicht bewusst, dass es innerhalb der Stadtgrenzen noch so etwas gibt: einen Mikrokosmos, in dem die Zeit irgendwie stehen geblieben zu sein scheint.

Zwar stehen hier auch zeitgenössische Verkehrsschilder, Handwerkerautos holpern durch die schmalen Gassen, E-Bikes lehnen an Geländern, und Hundehalter verpacken die Hinterlassenschaften ihrer Lieblinge in Plastiksäckchen, aber trotzdem: Irgendwie ist es anders im St. Alban-Tal. Das ganze Quartier wurde liebevoll restauriert. Viele der altehrwürdigen Häuser bestehen aus Fachwerk oder sind bemalt – so ziert etwa der enthauptete Heilige Sanct Albanus, der dem Quartier den Namen gab, eine Fassade. In den ersten Jahrhunderten unserer Zeitrechnung hatte er das Christentum verkündet und war dafür geköpft worden.

Der »Dalbedyych«, ein einstiger Industriekanal mit Stauvorrichtungen, durchzieht das Viertel. Vor dem Papiermuseum in einem mittelalterlichen Gebäude lässt sich das riesige Wasserrad bestaunen, doch es findet sich auch moderne Architektur hier, so etwa das Museum für Gegenwartskunst. Aber ganz, ganz viel ist alt und überaus bezaubernd: plätschernde Brunnen, Kopfsteinpflaster und Straßenlaternen, die zwar elektrisch sind, aber so aussehen, als könnten es genauso gut Gaslampen sein. Sogar ein gutes Stück von Basels Stadtmauer, inklusiv Türme und Wehr-

Im St. Alban-Tal fühlt man sich ein wenig wie in einer anderen Welt, auch wenn die modernen Hochhäuser im Hintergrund die Gegenwart in Erinnerung rufen.

gang, wurde im Dalbeloch eindrücklich wiederhergestellt.

Das St. Alban-Tal liegt eingeklemmt zwischen dem Rhein, wo die Welt augenblicklich aufzugehen und weit zu werden scheint, und der St. Alban-Anlage. Diese wird, eine Etage höher gelegen als das Tal, vom St. Alban-Tor gekrönt, eines von drei verbliebenen Stadttoren. Im Gegensatz zur unmittelbaren Umgebung des Spalentors, Basels berühmtestem Stadttor, ist es hier allerdings fast so ruhig wie in einem leisen Außenquartier.

Im St. Alban-Tal kann man ganz schnell eintauchen in eine andere Welt – ein Tapetenwechsel mitten in der Stadt, und wer durch die Gassen geschlendert ist, versteht sofort, warum einige den Geheimtipp auch als »Klein-Venedig« bezeichnen. Einfach ohne Kreuzfahrtschiffe und Massentourismus.

FAZIT: DIE HEKTIK DES ALLTAGS SCHEINT DEN WEG IN DEN MIKROKOSMOS DALBELOCH NOCH NICHT GEFUNDEN ZU HABEN.

Hin & weg: Die nächsten Tramhaltestellen befinden sich am Kunstmuseum, St. Alban-Tor oder Waldenburgerstrasse.

Beste Zeit: Immer, wenn es nicht regnet oder die Bise bläst.

Dauer: So lange, bis man genug hat von der Ruhe und wieder auftauchen will (oder muss).

Ausrüstung: Ein gutes Buch, das schon lange darauf wartet, in Ruhe gelesen oder weitergelesen zu werden.

FLUH, FLUH UND NOCH-MALS FLUH

... Drei-Flühe-Tour bei Sissach

Über 400 Treppenstufen, muss das sein? Muss natürlich nicht, aber es ergibt Sinn. Denn wer den Hüenersädel bezwingt, der kriegt drei Flühe, drei Blicke und drei Himmelsrichtungen quasi gratis dazu.

#vonobenherab #Waldtreppe #alteBäume

Die Ruine Bischofstein mit ihrem Bergfried, den man mittels senkrechter Leiter bezwingen kann, sorgt für ein mittelalterliches Intermezzo zwischen den Flühen.

Der Jura ist bekannt für seine Felsen und Flühe, die oftmals spektakulär die Täler überragen. Für Menschen mit Höhenangst kann dies unangenehm sein – für andere aber schön. Und auf der Drei-Flühe-Wanderung gibt es gleich drei Ausblicke in drei verschiedene Richtungen: nach Osten, Süden und Südwesten.

Die Tour beginnt angenehm, nämlich für Jura-Verhältnisse einigermaßen flach. So richtig herausfordernd wird's nach zwei Kilometern, am Fuß des Hüenersädels, einer alten Treppe durch den Wald. Über 400 verwitterte Stufen führen auf die Krete des Chienbergs – etwas Schweiß muss sein!

Doch dann ist man oben auf der flachen Kuppe des Jurahügels, über die sich ein Naturschutzgebiet erstreckt. Stolze alte Bäume krallen sich in den Waldboden, und bald kommt die erste der drei Flühe: die Rickenbacher Fluh (Blick nach Osten über Rickenbach). Wenig später folgt die Böckter Fluh (Blick nach Süden über Böckten und übrigens bis zu den Alpenspitzen).

Als Supplement lohnt sich ein Abstecher auf die Ruine Bischofstein, deren rund sieben Meter hoher Stumpf des Bergfrieds über eine senkrechte Leiter zu erklimmen ist. Sie fristet seit über 650 Jahren schon ein Dasein als Ruine, denn sie wurde beim großen Erdbeben von Basel 1356 zerstört wie viele andere Burgen der Region, allerdings danach gar nicht wieder aufgebaut.

Nach dem kleinen Exkurs ins Mittelalter geht es weiter durch den großen Chienbergwald zur dritten Fluh des steinernen »Dreigestirns«.

Im Naturschutzgebiet finden sich zahlreiche Früchte des Waldes – sie sind allerdings nur mit den Augen zu genießen!

Sie ist die bekannteste der drei: die Sissacher Fluh. Im Gegensatz zu den anderen beiden, die im Vergleich zu ihr etwas grün hinter den Ohren zu sein scheinen – dafür aber ursprünglich und ruhig –, ist sie quasi ausgewachsen und hat nicht einfach nur ein Bänkli und ein Geländer, sondern eine ganze Bergwirtschaft mit Spielwiese, die nach ihr benannt ist. Von der Sissacher Fluh aus sieht man sowohl das Ballungszentrum Sissach zu ihren Füßen als auch in verschiedene Täler hinein und zum Faltenjura hinüber. Und weiter im Westen erhebt sich der unverwechselbare Rocheturm durch den Dunst, drüben im fernen Basel.

Nach einer freiwilligen Stärkung mit Speis und Trank wartet die letzte Viertelstunde der Tour, doch ab jetzt geht's nur noch bergab. Und zwar recht steil, bis zur Bushaltestelle unten in Sissach.

FAZIT: WALDWANDERUNG MIT AUF- UND ABSTIEGEN UND SCHÖNEN AUSSICHTEN. EINE TOLLE TOUR IM BASELBIETER JURA.

Hin & weg: Postauto 100 ab Gelterkinden bis Buus, Buuseregg. Zurück: Bus 106 ab Sissach, Sissacher Fluh.

Beste Zeit: Zwischen März und November.

Dauer & Strecke: Reine Wanderzeit rund 2 Std., 6,2 km.

Ausrüstung: Festes Schuhwerk und Proviant.

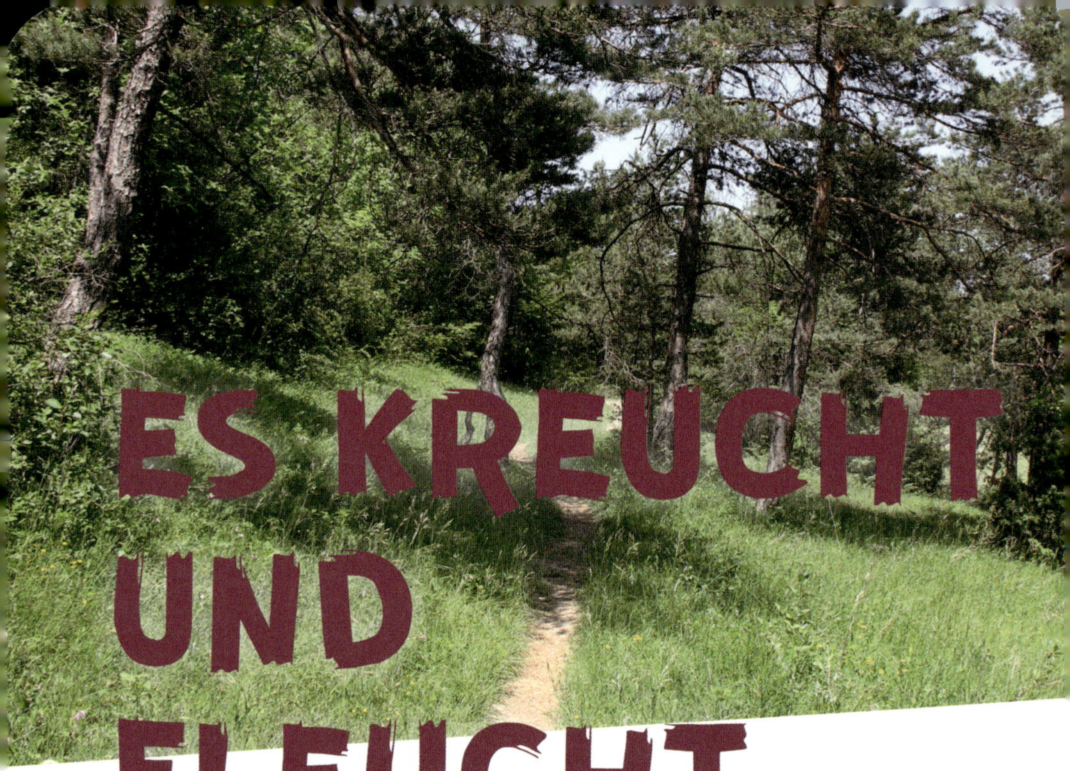

ES KREUCHT UND FLEUCHT

... im Naturschutzgebiet Chilpen

#14

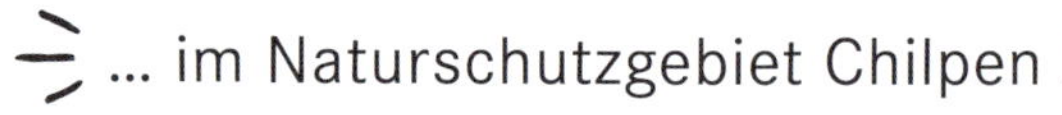

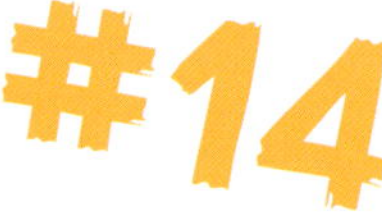

Enzian und Orchideen, Käfer, Ameisen und Schmetterlinge. Im Chilpener Föhrenwald und auf den Magerwiesen stolpert man in einer mediterran anmutenden Landschaft über seltene Pflanzen und Tiere. Winzlinge sind hier ganz groß.

#FestderSchmetterlinge #DuftdesWaldes #Oase

→ ABSTECHER …

Der Chilpen gehört zur ersten Generation von Naturschutzgebieten im Baselbiet. Schon in den 1930er-Jahren gab es Schutzbemühungen.

Der eine hat Knopfaugen, der andere Glupschaugen. Die Füße des einen sehen aus, als bestünden sie aus drei kleinen weichen Zehen, jene des anderen sind nicht wirklich sichtbar, weil er sein Tempo auch in der durchsichtigen Plastikdose nicht drosselt, in die er kurzzeitig gesperrt wurde. Kein Wunder, ist ja schließlich ein Laufkäfer. Die Begutachtung dauert nicht lange, dann wird der kleine Käfer wieder in den Trockenrasen gesetzt, und schwupps, ist er zwischen den Grashalmen verschwunden. Wer glaubt, Insekten seien langweilig oder igitt, sollte unbedingt mit einem Vergrößerungsglas bewaffnet den Chilpen besuchen. Denn die Welt der Insekten ist sehr vielfältig – und bunt! – und manchmal sogar total niedlich. Mindestens jene Exemplare mit den Knopfaugen.

Das Naturschutzgebiet am Chilpen, östlich der Oberbaselbieter Gemeinde Diegten, ist ein Juwel für Flora und Fauna. Bestehend aus Magerwiesen, Trockenrasen und halb offenem Föhrenwald, bietet es Heimat für weit über 1000 Tier- und Pflanzenarten. Rund 400 verschiedene Pflanzenarten gibt es hier, vom Wacholder bis zum Enzian, und allein zwei Dutzend verschiedene Orchideenarten, die im Frühjahr ihre Blütenvielfalt zeigen. Dazu kommen die Insekten: 180 Schmetterlings-, 150 Spinnenarten-, 240 Käfer- und 280 Bienen- und Wespenarten – Überblick behalten völlig zwecklos!

Doch so natürlich – und übrigens auch ziemlich mediterran – das Gebiet am Waldrand wirkt: Der Chilpen ist ein Werk von Menschenhand. Hier wurden während Jahrhunderten Lehm und Mergel als Baustoff respektive Dünger abgebaut, im Wald schlugen die Leute Holz und ließen ihr Vieh weiden. Sogar Bohnerz wurde gewonnen und Eisen verhüttet – das ist aber lange her. Doch die daraus resultierenden kahlen Stellen im kargen Boden sind ein idealer Lebensraum für licht- und wärmeliebende Pflanzen.

Hin & weg: Bus 107 ab Sissach bis Diegten, Weinburg. Der Weg ab Bushaltestelle (circa 1 km) ist signalisiert.

Beste Zeit: Mai und Juni.

Dauer & Strecke: Das Naturschutzgebiet ist knapp 30 Hektar groß und von verschiedenen Pfaden durchzogen. Man kann sich problemlos einige Stunden vertun.

Ausrüstung: Durchsichtige Plastikdose und gutes Vergrößerungsglas, wer hat.

Schau mir in die Augen, Kleines: Auf den Bäumen, im Gras, im Unterholz oder auf der Erde gibt es unzählige Insekten zu entdecken.

Ein Spaziergang durch den Chilpen ist für Naturfreunde dank der vielfältigen Pflanzen- und Tierwelt ein ganz besonderes Erlebnis: Bunte Schmetterlinge, zirpende Grillen – und mmh, wie die Föhren nach frischem Bergwald duften!

Es gibt verschiedene kleine Pfade, denen man nach Lust und Laune folgen kann, und wenn man sich vielleicht auch kurzzeitig in dem Fest für alle Sinne verliert – herausgefunden hat bisher wieder jeder.

FAZIT: TROTZ EHER LANGER ANREISE LOHNT SICH EIN AUSFLUG IN DAS IDYLLISCH GELEGENE BLUMEN- UND INSEKTENPARADIES ALLEMAL.

→ ABSTECHER …

STAIRWAY TO HEAVEN

… auf der Fähre und im Münsterturm

#15

Natürlich kennt jeder in Basel das Münster. Aber erstaunlich viele waren noch nie auf dessen Türmen. Dabei lohnt sich der Ausblick über die Stadt – und wenn die »Anreise« per Fähre geschieht, ist sie besonders reizvoll.

#AussichtvomMünsterturm #MenschenwieAmeisen #Fährfahrt

Die Aussicht von den beiden Münstertürmen ist atemberaubend. Immer höher geht es treppauf, immer weiter sieht man in die Ferne.

Je nach Strömung hat die Fähre buchstäblich den Turbo drin. Je mehr Wasser den Rhein runterfließt, desto schneller ist man drüben. Denn obwohl das Münster im ältesten Teil der Siedlung und somit in Grossbasel steht, beginnt die Eskapade auf deren Türme auf der anderen Seite des Rheins, im Kleinbasel – so geht es nämlich noch weiter bergauf. Und die Überfahrt zum anderen Ufer im hölzernen Nachen namens Leu, der ohne eigenen Antrieb den Fluss überquert, hat etwas sehr Urtümliches.

Am jenseitigen Ufer angekommen, geht's zuerst ein paar verwinkelte Treppen hoch auf die Aussichtsplattform Pfalz. Bei Bedarf kann hier im Schatten des Münsters schon der erste Halt eingelegt werden; Aussicht auf Kleinbasel, den Schwarzwald und die Vogesen inklusive.

Das Münster selber, das Wahrzeichen Basels schlechthin, ist mit seinem Chor, seiner Krypta und seinen Kreuzgängen zwar ebenfalls unbedingt einen Besuch wert, aber diesmal zieht's uns nach dem Betreten des Kirchenschiffs gleich durch eine Nebentür in den Turm. Über enge, dunkle Treppen geht es aufwärts und dann hoch über dem Münsterplatz raus an die Luft.

Beide Türme – dem heiligen Georg und dem heiligen Martin gewidmet – sind zugänglich. Je mehr Stufen man überwindet, desto mehr hebt man sich von der Erdoberfläche ab, desto weiter schwebt der Blick. Wie kleine Modelleisenbähnchen fahren die Trams über die Mittlere Brücke, die Menschen gleichen Ameisen, und die Chemische Industrie vor der Silhouette der Vogesen sieht aus wie eine Ansammlung grauer Schuhschachteln. Tief unter

Der Fährmann bringt seine Passagiere sicher ans andere Ufer – allein mit der Strömung und darum total klimaneutral. Je mehr Wasser der Rhein führt, desto schneller geht der Ritt.

den Füßen liegt die Basler Altstadt mit dem Barfüsserplatz, dem Rathaus, dem Spalentor, der Elisabethenkirche. Neben den alten Gebäuden stechen die modernen Hochhäuser aus der Skyline heraus, und weiter hinten liegen wie ein Kranz die Jurahügel. Das ist ein wirklich ungewöhnlicher Blick, welcher fasziniert, und zwar Urbasler ebenso wie Touristen, Einheimische wie Zugereiste.

Auf dem Münsterhügel entstand übrigens vor über 1200 Jahren die erste Bischofskirche von Basel. Das heutige Münster, unzählige Male um- und angebaut, feierte 2019 seinen tausendsten Geburtstag: Im Jahr 1019 wurde es im Beisein des ottonischen Kaisers Heinrich des Zweiten geweiht.

FAZIT: WER KEINE ANGST VOR LUFTIGER HÖHE HAT, SOLLTE SICH BASEL UNBEDINGT VON DEN MÜNSTERTÜRMEN AUS ANSEHEN.

Hin & weg: Zu Fuß zur Kleinbasler Anlegestelle der Münsterfähre und später zu Fuß vom Münsterberg wieder runter. Die nächste Tramstation liegt je nach Weg, der eingeschlagen wird, beim Kunstmuseum, Bankverein oder Barfüsserplatz.

Beste Zeit: Bei klarem Wetter und wenn es nicht regnet. Öffnungszeiten Münsterturm und weitere Infos unter www.baslermuenster.ch. Achtung: Man darf den Münsterturm nicht allein besteigen, er ist nur offen für Gruppen ab zwei Personen.

Dauer: Je nach Länge des Aussichtgenießens von einer bis mehreren Stunden.

Ausrüstung: Evtl. Feldstecher, um Basel von oben etwas mehr im Detail betrachten zu können. Kleingeld für die Fährfahrt und die Münsterturmbesteigung.

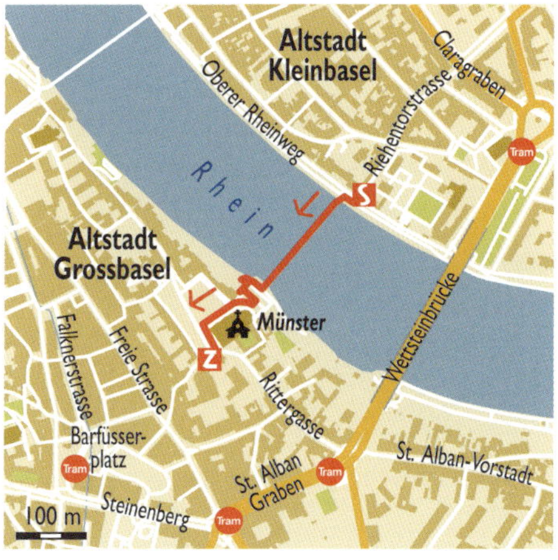

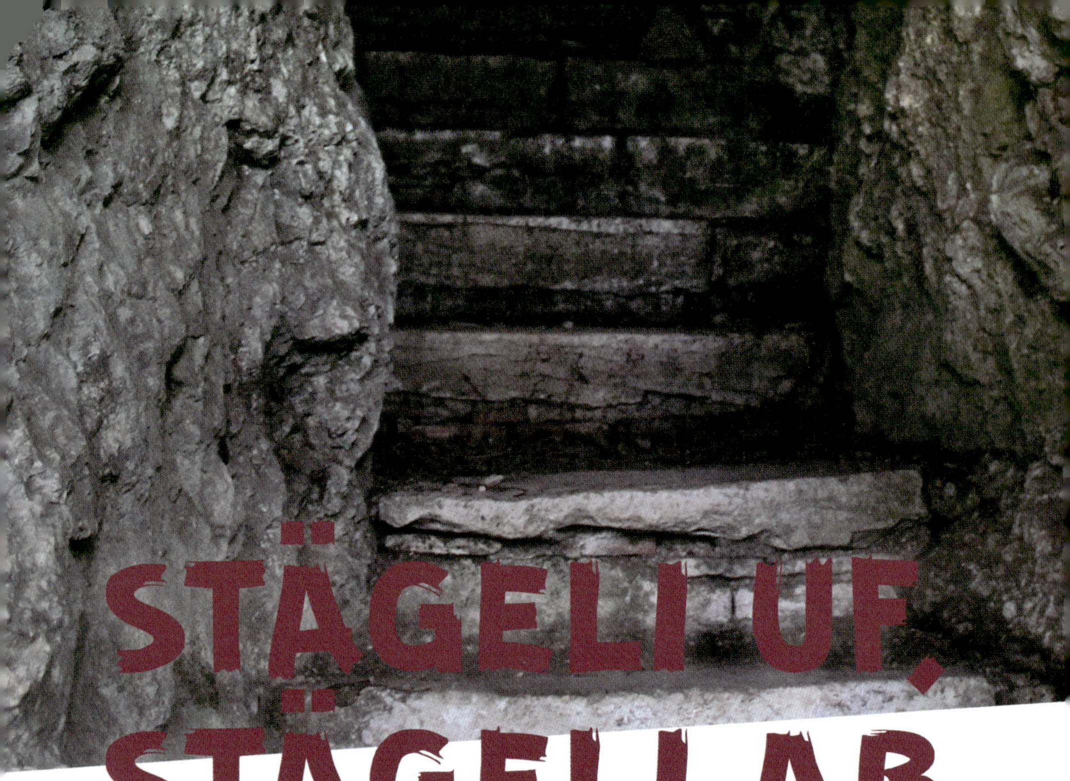

STÄGELI UF, STÄGELI AB

... in der Ermitage

#16

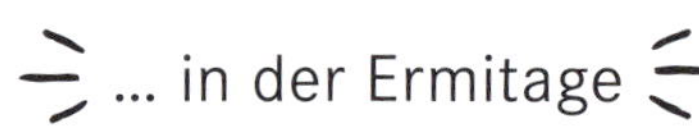

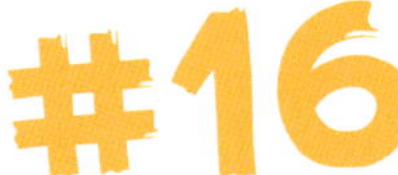

Ein Besuch in der Ermitage bei Arlesheim führt nicht nur in einen der bedeutendsten historischen Landschaftsgärten der Schweiz, sondern birgt auch viele lauschige Plätze, um die Natur mit allen Sinnen zu genießen.

#Kraftort #Eremit #verschlungeneWege

→ Abstecher …

In der Waldbruderklause lässt sich sonntags der Waldbruder besuchen.

Sie ist der größte englische Landschaftsgarten der Schweiz. Viele schwärmen von ihrer Schönheit und schwören auf die Kraft, die sie ausstrahlt. Und ganz nebenbei trainiert ein Besuch in der Ermitage bei Arlesheim mit ihren zahlreichen Treppen die Beine, wie es auch ein Stepper im Fitnessstudio nicht besser könnte.

Der Spaziergang durch die Ermitage beginnt bei der Tramhaltestelle Arlesheim, Dorf. Durch den alten Dorfkern geht es Richtung Osten, wo der Landschaftsgarten eingebettet zwischen Juraflanken am Fuß der Ruine Birseck liegt. Hier hat der Mensch die natürlichen Begebenheiten gekonnt mit gestalterischen Elementen verbunden und so eine »neue Landschaft« erschaffen.

Entstanden ist die Ermitage gegen Ende des 18. Jahrhunderts, als Jean-Jacques Rousseaus Ruf »Retour à la nature!« durch Europa hallte und von der aufgeklärten gehobenen Gesellschaft auch erhört wurde. Allerdings zog man eine gestaltete Natur der puren, unberechenbaren Wildnis vor. Nach ihrer Zerstörung im Zuge der französischen Revolution wurde die Ermitage zu Beginn des 19. Jahrhunderts wieder hergerichtet.

Durch die Anlage schlängeln sich zahlreiche Wege. Sie führen über Treppen und durch Höhlen, an Weihern vorbei und unter Bäumen hindurch, verzweigen sich und kommen wieder zusammen und sorgen für vielfältige Entdeckungen – ein romantisches Naturerlebnis auf 40 Hektar mit eingebauten Überra-

schungseffekten. Zur Romantik tragen auch die Namen bei. So sind die Grotten etwa nach Diana oder Apollo benannt, und es gibt den Temple rustique. Die Höhle am Karussellplatz war übrigens einmal eine Kulthöhle: Hier fand man Spuren einer neolithischen Bestattung von vor etwa 5500 Jahren.

Einzigartig ist auch die hohe Anzahl von Bovis-Einheiten, mit denen Erdstrahlen gemessen

Das Schloss Birseck, das über dem lauschigen Tal der Ermitage thront, bildet den krönenden Abschluss eines Spaziergangs durch den größten englischen Landschaftsgarten der Schweiz.

werden: Die Ermitage gilt als einer der stärksten Kraftorte der Region.

Und was war nun mit dem Eremiten, der der Anlage den Namen gab? Sonntags ist er zu Hause (im Sommerhalbjahr), und man kann ihn in seiner schindelbewehrten Klause am Steilhang besuchen. Ebenfalls sonntags hat das Schloss Birseck seine Türen geöffnet. Von hier bietet sich ein einzigartiger Ausblick über Arlesheim, Dornach und Umgebung. Der Besuch in der Ermitage lohnt sich aber auch an allen anderen Wochentagen – und zu allen anderen Jahreszeiten übrigens auch.

Aber apropos: Es ist nicht erwiesen, dass überhaupt jemals ein Eremit in der Ermitage von Arlesheim gelebt hat. Vielleicht passte er auch nur gut in die romantischen Vorstellungen von damals.

Hin & weg: Tram 11 bis Arlesheim, Dorf.

Beste Zeit: Die Ermitage hat zu allen Jahreszeiten ihren eigenen Reiz. Die Vegetation ist im Sommerhalbjahr besonders sehenswert, und zusätzlich sind dann jeweils sonntags das Schloss Birseck und die Eremitenklause geöffnet.

Dauer & Strecke: 1,5 Std., mit Schlossbesuch auch länger, 3 km.

Ausrüstung: Vielleicht etwas zu trinken, und sonst einfach offene Sinne und ein offenes Herz.

FAZIT: IN DER ERMITAGE GIBT ES VERSCHLUNGENE WEGE ZU HÖHLEN, TREPPEN UND WUNDERBAREN AUSBLICKEN. EIN ORT, UM SICH ZU VERLIEREN.

→ ABSTECHER …

WO DIE WEITE WELT WINKT

Wellenglucksen, Sand zwischen den Zehen und ein laues Lüftchen. Basel liegt zwar nicht am Meer, aber bei einem Spaziergang immer am Rhein entlang bis zum Dreiländereck könnte man diesen Mangel fast vergessen.

#SpaziergangamWasser #Industriebrachen #Beachparty

Verkehrsaufkommen am Hafen: Der Fußweg führt über die Eisenbahnbrücke zu den Schiffsanlegestellen.

Der Rhein ist Basels Lebensader. Dies wird einem vor allem an einem lauen Sommerabend immer wieder klar: Wer am Strom entlangspaziert, sieht, wie es die Menschen verschiedensten Alters und verschiedenster Herkunft allesamt ans Wasser zieht. Am Kleinbasler Rheinweg wird die Stadt zur Badeanstalt, denn in Basel ist es völlig normal, dass Menschen in Bikini oder Badehose vorüberschlendern, weiter oben ins Wasser steigen und irgendwo wieder an Land kommen. Ebenso vertraut ist das Bild von WC-Anlagen und Duschen gleich neben Wohnhäusern, denn nicht von ungefähr trägt das Kleinbasler Ufer den Spitznamen Riviera. Hier werden Pouletschenkel auf dem Grill gebraten, da steht ein Samowar und dampft vor sich hin. An den Buvetten wird für kühle Getränke gesorgt. Es ist eine interkulturelle Flaniermeile vor der Kulisse der Vorstadthäuser auf der gegenüberliegenden Rheinseite.

Wer von der Altstadt her weiter »bachab« spaziert, unter der Johanniterbrücke und der Dreirosenbrücke hindurch, die Wohnzone verlässt und die Industrie und den Hafen durchquert, der kommt am Schluss nicht nur an jener Stelle an, wo der Rhein seine Quellnation verlässt, sondern wird auch einen Hauch weiter Welt in der Nase schnuppern können.

Relikte früherer Industrie machen hier allmählich neuem buntem Leben Platz. Ein Beispiel ist der Holzpark Klybeck, der 2019 Zuwachs von einem ehemaligen Feuerschiff erhielt, das als Kulturraum genutzt wird. Sogar einen kleinen Jachthafen besitzt Basel, noch weiter unten, dort, wo immer wieder Dieselschwaden durch die Luft wehen, als möchten sie daran erinnern, dass der Kleinhüninger Hafen noch in Betrieb ist. Am Ende des Wegs steht der Pylon des Dreiländerecks. Der echte Dreiländerpunkt – da, wo sich die Schweiz, Frankreich und Deutschland treffen – befindet sich zwar in der Mitte des Rheins, doch dort käme

---

Hin & weg: Beginn irgendwo in Basel am Kleinbasler Rheinufer, zum Beispiel bei der Helvetia an der Mittleren Brücke (865 km bis zum offenen Meer). Zurück auch wieder zu Fuß oder mit Bus oder Tram ab Basel, Kleinhüningen.

Beste Zeit: Im Sommer, am besten gegen Abend.

Dauer & Strecke: Reine Wanderzeit gegen 1 Std., 3,4 km.

Ausrüstung: Sonnenbrille.

In der Sandoase kann schon mal ein Hauch von tropischem Feeling aufkommen, wenn die Sonne ihre Strahlen durch die Palmblätter schickt.

das Aufstellen einer Skulptur einem Verkehrshindernis für die Frachtschiffe gleich. Dann ist ein Absacker in der Sandoase fällig, am Ende des Wegs zwischen Rhein und Hafenbecken 1, wo die Terrasse des Dreiländerecks jeden Sommer in eine Strandlandschaft verwandelt wird. Nackte Zehen graben im Sand, der Drink ist knallbunt wie eine Tropenblume, und die Sonne blinzelt hinter Palmen hervor. Bald wird sie untergehen. Nicht im Meer, aber immerhin im Elsass – und wer die Augen ein wenig zukneift, wird diesen Unterschied schon fast nicht mehr sehen.

FAZIT: AN KEINEM ORT IN BASEL IST DER ATEM DER GROßEN WEITEN WELT SO STARK ZU SPÜREN WIE AM RHEIN.

ERDE AUS FEUER

Dem Gestein unter unseren Füßen wird oft wenig Beachtung geschenkt. Dabei kann auch Erde wunderbar bunt sein. In den Huppergruben zum Beispiel: Mitten im Wald liegt der Boden wie ein aufgeschlagenes Buch da – ein ungewöhnlicher Ort!

#GrubeimWald #GeologischeSpezialität #steinreich

Im Naturschutzgebiet wachsen zahlreiche wunderschön blühende Pflanzen.

Baselbieter Dörfer heißen auf Dialekt manchmal eigentümlich – jedenfalls klingt es oft anders als das Wort, das auf dem Ortsschild steht. Bennwil beispielsweise wird »Bämbl« ausgesprochen oder Arisdorf »Arschdrf«. Was nichts mit dem Allerwertesten zu tun hat. So hat auch Ramlinsburg nichts mit einem Berg aus Ramsch zu tun, obwohl der Dorfname »Ramschbrg« ausgesprochen wird.

Genau dort beginnt diese Eskapade. Aus dem Ort raus, an Kirschenplantagen vorbei zum Wald, trifft man nach gut einem halben Kilometer auf die erste Frage aus dem Waldlehrpfad des Naturschutzvereins Lausen, mit dem das heitere Rätselraten rund um Bäume, Sträucher und Tiere im Wald losgehen kann. Was ist das hier am Wegrand für ein Busch? Was wächst denn dort drüben? Ist das wirklich eine Föhre? Oder wie heißen die großen Vögel, die ihr knorriges Krächzen durch den Wald hallen lassen?

Das Highlight der Wanderung liegt mitten im Wald namens Landschachen: die Huppergruben. Heute Naturschutzgebiet und Lebensraum für verschiedene seltene Pflanzen- und Tierarten, wurden hier während langer Zeit sogenannte Huppererden abgebaut, die dank einer geologischen Verwerfung vor Urzeiten entstanden waren. Diese Tone wurden gefördert, um unten im Dorf Lausen beispielsweise Keramik, Ziegelsteine, Klinker und feuerfesten Schamottstein herzustellen. Wegen des zum Teil hohen Eisenoxidgehalts ist der Boden zum Teil intensiv rot gefärbt, und auch Quarzsand und Bohnerz – Eisenerz in kleinen, bohnenförmigen Kugeln, das bereits zu Keltenzeiten verhüttet wurde – sind zu finden.

In der nordöstlichen der beiden Gruben zeigen sich kreuzweise übereinanderliegende Kalkschichten, und eine Doline mit Karstschlot ist ebenfalls sichtbar. Seit mehr als

---

Hin & weg: Bus 93 ab Bahnhof Lausen bis Ramlinsburg-Brunnacker. Zurück: Regio-S-Bahn oder Bus ab Bahnhof Lausen.

Beste Zeit: Frühling (mit paarungswilligen Amphibien) bis Herbst (mit bunten Blättern vor bunter Erde).

Dauer & Strecke: Reine Wanderzeit knapp 1,5 Std., 4,6 km.

Ausrüstung: Gute Schuhe. Je nach Appetit Proviant und Getränke.

Der einzigartige Farbton der Erde macht die Huppergruben zu einem besonderen Erlebnis.

zwei Jahrzehnten werden die Gruben nicht mehr ausgebeutet und sind mittlerweile zum Naturschutzgebiet umgestaltet worden. Doch nicht nur für Kröten und Unken sind sie ein kleines Eldorado, sondern in ihrer geologischen Einzigartigkeit auch für Erdwissenschaftler.

Wenn es später weiter geht durch den Wald und hinunter zum Bahnhof Lausen, trifft man dort übrigens auf einen Rest jener Fabriken, in der die Huppererden früher verarbeitet wurden: das Tonwerk Lausen.

FAZIT: WO DIE ERDE DALIEGT WIE EIN GEÖFFNETES BUCH, SOLLTE MAN EINEN GEOLOGISCHEN BLICK HINEINWERFEN.

ELDORADO FÜR STERN-GUCKER

... auf der Sternwarte

Mit dem Teleskop dem Weltall tief in die Augen schauen: Das ist auf der Sternwarte St. Margarethen gleich hinter der Grenze zu Binningen möglich. Sofern die Wolken wollen, kann man jeden Freitagabend unter fachkundiger Leitung Saturn, Jupiter & Co. am Nachthimmel betrachten.

#bleibendesErlebnis #FlugdurchsWeltall #AstronomiezumAnfassen

Rendezvous mit dem Großen Bären, dem Wassermann oder Kassiopeia – in der Sternwarte scheinen die Wege ins All kurz und überwindbar.

Für einen Trip ins Universum ist die Anreise kürzer als man denkt – nur eine knappe Viertelstunde Fußmarsch. Eine Etage über dem dicht besiedelten Gundeldingerquartier befindet sich nämlich die Sternwarte Binningen unmittelbar hinter dem Margarethenpark. Ein kurzer Spaziergang, und schon kann man das Spaceshuttle besteigen. Oder besser gesagt eine der vier Beobachtungsstationen der Sternwarte betreten, die vier unterschiedliche Teleskope beherbergen. Das größte der Himmelsfernrohre ist ein Spiegelteleskop mit einem Durchmesser von 35 Zentimetern und befindet sich in einer Hütte, die in der Mitte geteilt und auf Schienen zu beiden Seiten weggeschoben werden kann, um freie Sicht auf den Himmel zu erhalten.

Das älteste der optischen Instrumente hat Baujahr 1878 und stammt von der renom-

Ein besonders spannendes Beobachtungsobjekt ist der Mond.

mierten Firma Merz in München. Es steht im Hauptgebäude - erinnert dieses mit seiner Kuppel nicht ein wenig an einen Mini- Tadsch-Mahal im Schlichtkleid?

Unter fachkundiger Leitung der Freiwilligen vom Astronomischen Verein Basel kann die optische Reise in den Kosmos losgehen. Je nach Jahreszeit gibt es verschiedene Himmelskörper zu erspähen, zum Beispiel Planeten wie den Mars oder den Jupiter mit seinen Monden. Hinzu kommen Doppelsterne oder farbige Sterne, Kugelsternhaufen und manchmal sogar ganze Galaxien. Auch der Mond, unser eigener Erdtrabant, ist sehenswert. Für viele ein besonderes Erlebnis ist der Saturn mit seinem Ring: Ihn kennen die meisten aus den Schulbüchern, aber wenn man ihn dann in Echt am Nachthimmel betrachten kann, ist das - galaktisch!

Die Sternwarte des ehemaligen Astronomischen Instituts der Universität Basel wurde 1928 vom Bernoullianum inmitten der Stadt auf den Margarethenhügel versetzt. Nachdem die Uni das Institut 2017 abschaffte, ist der Astronomische Verein Basel nun zuständig für den Unterhalt der Sternwarte.

Auf demselben Gelände befindet sich übrigens auch die Wetterstation Binningen von MeteoSchweiz mit ihren vielfältigen Messgeräten, und ein direkter Nachbar des Astronomischen Vereins ist der Meteorologische Verein der Region Basel: Seit 1755 wird in Basel das Wetter gemessen - die Stadt verfügt über die viertälteste Wettermessreihe der ganzen Welt.

Doch zurück zu den Sternen: Wenn die Astroamateure es dem interessierten Publikum

Die Kuppel der Sternwarte erinnert ein wenig an den Tadsch Mahal in Miniatur.

ermöglichen, einen Blick ins Universum zu erhaschen, liegt der Fokus auf dem Extraterrestrischen. Nicht zuletzt hilft dies aber auch, sich buchstäblich wieder zu erden und die Dimensionen von Sorgen im Alltag und anderen Realitäten, die einen zuweilen umgeben, etwas zu relativieren.

Hin & weg: Tram 2 oder Bus 36 bis Basel, Margarethen, von da zu Fuß den Hügel hoch zur Venusstrasse.

Beste Zeit: Die Sternwarte ist jeden Freitag bei klarem Himmel und Temperaturen über dem Gefrierpunkt geöffnet. Es sind auch individuelle Gruppenführungen möglich. Aktuelle Infos , Öffnungszeiten und Termine für Sonnenbeobachtung unter www.astronomie-basel.ch

Dauer: Bis man genug hat vom Weltall.

Ausrüstung: Warme Kleidung für kühle Nächte und evtl. eine Taschenlampe für den Weg durch den Park.

FAZIT: DAS WELTALL IST NICHT NUR UNENDLICH WEIT, SONDERN AUCH UNENDLICH SPANNEND.

→ ABSTECHER …

HÖHLEN-REICH

... von Wenslingen nach Tecknau

Die kurze Wanderung führt an Felswänden, Höhlen und bizarren Gesteinsformationen vorbei ins Tal. Hier ist man plötzlich inmitten wilder Natur – und das ohne lange Reise.

#wildromantisch #wegvonallem #unterirdischeEntdeckungen

Wo sich der Bach über die Wasserflue stürzt, befindet man sich unvermittelt in einer wilden Welt aus Höhlen und Fels, Wald und Grün.

Wenn man aufs Land rausfährt, kann man weite Wanderungen unternehmen, klar. Man kann aber auch los und in eine andere Welt eintauchen, wenn man nicht übermäßig viel Zeit hat. Kurz, knapp, heftig.

Direkt ab dem Basler Bahnhof SBB geht's mit Zug und Postauto hoch aufs Oberbaselbieter Tafeljuraplateau bei Wenslingen; die Fahrt bis zur Haltestelle im ehemaligen Bauerndorf dauert im besten Fall gerade mal 35 Minuten, ist also sogar kürzer als die ÖV-Reise auf den »Hausberg« St. Chrischona!

Von Wenslingen aus geht's schnurstracks dem Wanderweg nach Richtung Tecknau, wo auch der Erlebnispfad »Passepartout Tafeljura« durchführt. An Kuh- und Pferdeweiden vorbei, beginnt hinter der kleinen Kläranlage des Dorfs der Wald, und damit die Wildnis. Hier erwarten den Wanderer am schmalen Pfad kleine Weiher, Bäume, Steine und veritable Felswände. Die bizarren Gesteinsformationen, zu denen man bald hinuntersteigt, sind der Verwitterung geschuldet und beflü-

---

Hin & weg: Postauto 103 ab Gelterkinden oder Tecknau nach Wenslingen, Hinterdorf. Zurück: S-Bahn S3 ab Tecknau.

Beste Zeit: Zur Sommerzeit, wenn es lange genug hell ist: Dann kann man die Tour sogar noch abends an einen Arbeitstag anhängen.

Dauer & Strecke: Reine Wanderzeit 45 Min. 2,5 km.

Ausrüstung: Schuhe mit festem Profil, denn der Weg ist voller Steine und Wurzeln.

Eine Leiter führt von der »Eingangshalle« weiter hinein ins Erdinnere. Aber Achtung: Das Bruderloch ist kein Kinderspielplatz, sondern eine echte Höhle.

geln die Fantasie. Das Gebiet erinnert an einen Canyon, und einen Wasserfall, der sich über die senkrechte Wasserflue stürzt, hört man zuerst nur und sieht ihn erst später.

Bald am Weg kommt man zum Bruderloch. Die Höhle besteht aus einer Felshalle und einem im hinteren Teil in der Dunkelheit glucksenden Höhlenbach. Eine Leiter führt eine Etage höher zu einem engen Gang. Unerschrockene können sich da noch ein Stück weiter vorwagen, aber Achtung, es wird bald feucht und eng!

Ein paar Dutzend Höhenmeter weiter unten – ungefähr da, wo der Wasserfall hinfällt – befindet sich eine zweite Höhle in der steilen Felswand: das Bärenloch. Dieses ist allerdings mit einem massiven Gitter verschlossen und darum nur für Kleintiere wie Fledermäuse zugänglich. Ihren Namen erhielt die bislang wenig beachtete Karsthöhle übrigens in den 1960er-Jahren, als dort spektakuläre Funde von 30 000-jährigen Höhlenbärenknochen und -zähnen gemacht wurden.

Nach der steilen und wildromantischen Bettstigi führt das letzte Stück des Wegs durch den sonnenverwöhnten Laubmischwald der Burgholde (welche so heißt, weil oben auf der Krete die Ruine der Ödenburg zu finden ist – Abstecher möglich).

Das Ziel ist der Bahnhof Tecknau, kurz vor dem Eingangsportal des Hauenstein-Basistunnels. Als der mehr als acht Kilometer lange Eisenbahntunnel vor über 100 Jahren gebaut wurde, mauserte sich Tecknau in kürzester Zeit vom verschlafenen Bauerndorf zur Arbeitersiedlung mit zahlreichen Kantinen und sogar eigenem Kino und Polizeiposten. Heute gibt es im Ort nicht einmal mehr einen Laden.

FAZIT: WILDROMANTISCHE WANDERUNG MIT FELSEN, SCHLUCHT UND HÖHLEN. EIN STEINIGES KURZABENTEUER.

DIE WILDNIS VOR DER TÜR

... in der Petite Camargue Alsacienne

Die Pferde sind graubraun statt weiß und die Stiere ocker statt schwarz, aber sonst ähnelt die Petite Camargue Alsacienne dem südfranzösischen Original. Und das Beste: Das Naturschutzgebiet mit seinen Auenwäldern, Weihern, Schilfflächen und Feldern liegt vor den Toren Basels.

#ZurückzurNatur #verschiedensteWildtiere #AuszeitimElsass

→ ABSTECHER …

Basel liegt in Sichtweite, doch in den Sümpfen der Petite Camargue Alsacienne kommt man sich vor wie weitab von der Zivilisation.

Mit dem Velo in die Camargue – das dauert vom Zentrum Basels aus gerade mal eine Dreiviertelstunde: Mit dem Velo am Kleinbasler Rhein entlang bis nach Deutschland, über die elegante Fahrradbrücke von Weil nach Huningue übersetzen und dann dem Canal de Huningue folgen, und schon ist man da. Zumindest in der kleinen elsässischen Camargue, der Petite Camargue Alsacienne.

Dieses Naturreservat vor den Toren Basels besteht aus abwechslungsreicher Landschaft – aus Auenwäldern und Trockenrasen, Feuchtwiesen und Weihern, Schilfröhricht und Totholz und einer ganzen Rheininsel. Trotz teilweisem Blickkontakt auf Chemiehochhäuser und Fernwärmeschlot fühlt man sich hier weit, weit weg von Basel. Hier schnattern Graugänse auf den Wasserflächen,

schnüren Füchse durchs Unterholz, schnüffeln Wildschweine durchs Dickicht und sitzen haufenweise Kormorane in den Baumkronen.

Das Naturschutzgebiet der Petite Camargue Alsacienne wurde 1982 gegründet und wuchs mehrmals: Trockengelegte Altarme des Rheins wurden wieder ausgebaggert und ehemalige Maisfelder der Natur zur Rückeroberung überlassen. Heute umfasst die Petite Camargue über neun Quadratkilometer Fläche bis an die Grenze zu Deutschland.

Neben verschiedenen Pflanzen- und wilden Tierarten lassen sich übrigens auch andere Bewohner beobachten: schottische Hochlandrinder sowie auf der Rheininsel eine Gruppe Tarpane, Vertreter einer eurasischen Wildpferderasse. Sie zeichnen dafür verantwortlich, mit ihrem Appetit für die nötige Auslichtung im Naturschutzgebiet zu sorgen, damit auch lichtliebende Lebewesen eine Chance auf geeigneten Wohnraum haben.

Auf den verschiedenen Wegen durch die Petite Camargue Alsacienne kann man sich hervorragend einfach treiben lassen. Pedalend und gleichzeitig mit der Natur und ihren Farben, Düften und Geräuschen verschmelzend. Im Gebiet der Mittleren Au lohnt es sich übrigens, das Velo auch mal abzustellen und zu Fuß zu gehen. Mehrere Beobachtungstürme ermöglichen einen Einblick auf die urtümliche Landschaft, wie sie in Mitteleuropa selten geworden ist.

Mitten im Naturschutzgebiet befinden sich verschnörkelte Gebäude aus dem 19. Jahrhundert. Hier wurde im Jahr 1860 die erste industrielle Fischzucht Europas gebaut. Heute

Totale Wildnis, wo zwischenzeitlich Mais angepflanzt war: Die Natur durfte die alten Arme des Rheins auf Elsässer Seite wieder zurückerobern.

dienen die Häuser der ehemaligen Kaiserlichen Fischzucht von Hüningen als Forschungsstation der Uni Basel.

Das mit dem Fischezüchten ist allerdings auch noch nicht ganz vorbei: Noch heute werden in der Petite Camargue Alsacienne vom Verein Saumon Rhin Lachse gezüchtet und im Rhein ausgesetzt.

Hin & weg: Mit dem Velo entlang des Canal de Huningue und denselben Weg später wieder zurück.

Beste Zeit: Die Petite Camargue Alsacienne bietet zu jeder Jahreszeit spannende Beobachtungen.

Dauer & Strecke: Ein Weg von Basel zum Naturschutzzentrum Schleusenhaus beträgt gegen 10 km, reine Radelzeit knapp 1 Std. Dauer des Aufenthalts: ganz nach Lust und Laune.

Ausrüstung: Feldstecher, evtl. kleine Zwischenmahlzeit.

FAZIT: EIN GROßES NATURSCHUTZGEBIET VOR DEN TOREN DER STADT. IDEALER PLATZ ZUM ABSCHALTEN, DURCHATMEN.

SUNRISE AM MEER

... Wintersonnwende auf dem Belchengipfel

Hoch über dem Nebelmeer wird der Sonnenaufgang an einem kalten Wintermorgen zum besonderen Spektakel der Natur. Unter sich die Welt, im Hintergrund die flammende Alpenkette – frühes Rausgehen lohnt sich für dieses außergewöhnliche Erlebnis zwischen Himmel und Erde.

#Sonnenaufgang #NebelmeerimMittelland #grandioseKulisse

→ ABSTECHER …

Was der Nebel allmählich freigibt, liegt unter einer zauberhaften Raureifschicht.

Die Morgenluft ist klirrend kalt, und beim Hochsteigen bilden sich Dampfwölkchen vor dem Gesicht. Zwar ist die Welt schon längst erwacht, und unten auf der Autobahn reihen sich die Lichter aneinander, hier oben aber scheint noch alles in der weichenden Nacht erstarrt zu sein. Vom Chilchzimmersattel aus geht es nochmals 108 Höhenmeter weiter hinauf, dann ist die Belchenfluh erreicht. 1099 Meter ü. M., und der Blick tut sich weit auf. Das Herz auch. Wie war das noch mal mit den Problemchen und Sörgelchen irgendwo da unten? Egal!

Der Ausblick von der Felskanzel der Belchenfluh – auf Mundart Bölchenfluh – ist phänomenal. Hier wird man Augenzeuge, wie der Tag beginnt. Blickt man Richtung Mittelland,

Die Sicht übers Nebelmeer ist auch bei klirrender Kälte top.

erstreckt sich die weiße Bergkette von Vorarlberg bis zum Montblanc im Hintergrund. Und davor, zwischen dem Jura und den Alpen, liegt das Mittelland unter einer dicken Hochnebelschicht. Im Winter ist dies oft so – die großen Flüsse und Seen arbeiten stets daran, dass genug Wasserdampf durch die kalte Luft hochsteigt.

Was für den Jurasüdfuss oft grauer Alltag ist, sieht von oben wunderschön aus. Zum Beispiel von der Belchenfluh aus: Im Rücken die Region Basel, die viel seltener unter Nebel verborgen liegt, wähnt man sich nämlich hoch über einem Meer. Wenn schon nicht das Mittelmeer, so immerhin das Mittelländische Nebelmeer. Und hier zu warten, bis die Morgendämmerung ihre Farben spielen lässt und die Sonne hinter den Alpen aufgeht, ist ein ganz besonderes Erlebnis.

Einzigartig wird es am 21. Dezember. Dann ist Wintersonnwende, der kürzeste Tag des Jahres, und für viele ist es schön zu wissen: Ab jetzt geht's wieder bergauf! Schon die Kelten achteten auf den Lauf der Sonne, und schon ihnen hat es der Belchen angetan. Mutmaßlich benannt nach dem Sonnengott Belenus, hatte der Grenzberg zwischen Oberbaselbiet und dem Kanton Solothurn schon für sie eine Bedeutung.

Und er ist nicht der einzige Belchen im Dreiländereck Deutschland, Frankreich, Schweiz: Es gibt auch den badischen Belchen im Schwarzwald und drei elsässische »Ballons« in den Vogesen. Diese Berge liegen in einem rechtwinkligen Dreieck, das über unsichtbare Orientierungslinien miteinander verbunden ist, das »Belchensystem«, das etwa 5000 Jahre alt sein dürfte.

Wenn das Mittelland unter der Nebeldecke schlummert, sind die Alpen zum Greifen nah.

Aus der Ferne, aus Norden und Nordwesten, winken die anderen Belchen herüber. Zu Füßen, im Süden, liegt das Nebelmeer. Und der Raureif. Und dann geht die Sonne auf. Schon die Kelten wussten eben, wie beeindruckend die Natur ist!

FAZIT: DER FRÜHE VOGEL FÄNGT DEN WURM – ODER WENIGSTENS DIE ERSTEN SONNENSTRAHLEN AM BELCHEN.

Hin & weg: Der Chilchzimmersattel ist mit ÖV nicht erreichbar, da braucht's ein Auto (A2 bis Ausfahrt Diegten, von da Richtung Eptingen und rechts abbiegen Richtung Langenbruck).

Beste Zeit: Für die Wintersonnwende 21. Dezember, Sonnenaufgang ca. 8.15 Uhr (Beginn der nautischen Morgendämmerung ca. 7 Uhr).

Dauer & Strecke: Reine Wanderzeit rund 30 Min. bis auf die Fluh, 1,7 km.

Ausrüstung: Warme Kleidung und Handschuhe, bei Temperaturen unter null empfehlen sich wegen möglicher Eisbildung auf dem Weg auch Nordic-Walking-Stöcke und eine mit heißem Tee gefüllte Thermoskanne.

2. KAPITEL AUSFLÜGE

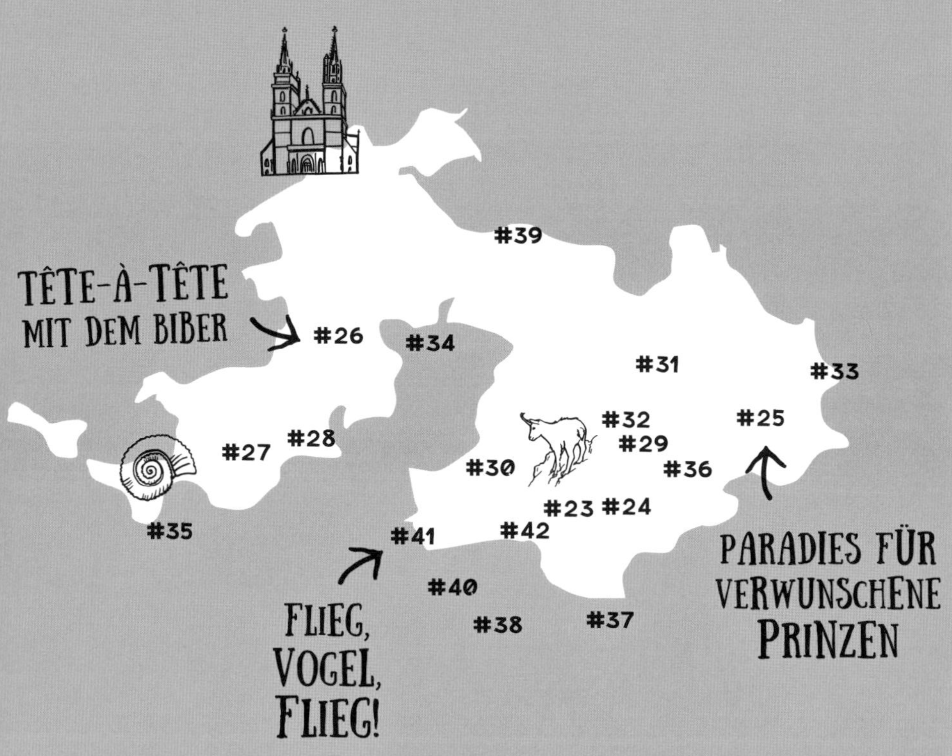

Raus für einen Tag

Gute Schuhe, etwas Proviant, und schon steht dem ganz besonderen Erlebnis im Grünen nichts mehr im Weg. Es braucht nicht viel für einen gelungenen Tag!

12H

#23 ... zur Waldenburg und Gerstelflue Seite 100
#24 ... zur Grottenburg Riedfluh Seite 104
#25 ... von den Talweihern nach Oltingen Seite 108
#26 ... in der Reinacherheide Seite 112
#27 ... durchs Chaltbrunnen- und Chastelbachtal Seite 116
#28 ... zum Ricola-Kräutergarten im Laufental Seite 120
#29 ... durchs Chrindeltal zum Giessen Seite 124
#30 ... rund ums Gebiet Wildenstein Seite 128
#31 ... rund um den Farnsberg Seite 132
#32 ... von Diepflingen nach Trimbach Seite 136
#33 ... auf dem Buschberg Seite 140
#34 ... zu Sulzchopf und Schauenburgfluh Seite 144
#35 ... um Bärschwil Seite 148
#36 ... Gipsgrube und Bergmatten bei Zeglingen Seite 152
#37 ... Tüfelsschlucht und Allerheiligenberg Seite 156
#38 ... auf dem Holzweg im Naturpark Thal Seite 160
#39 ... in Augusta Raurica Seite 164
#40 ... im Guldental Seite 168
#41 ... Lauwil-Ulmet-Passwang Seite 172
#42 ... zum Chellenchöpfli Seite 176

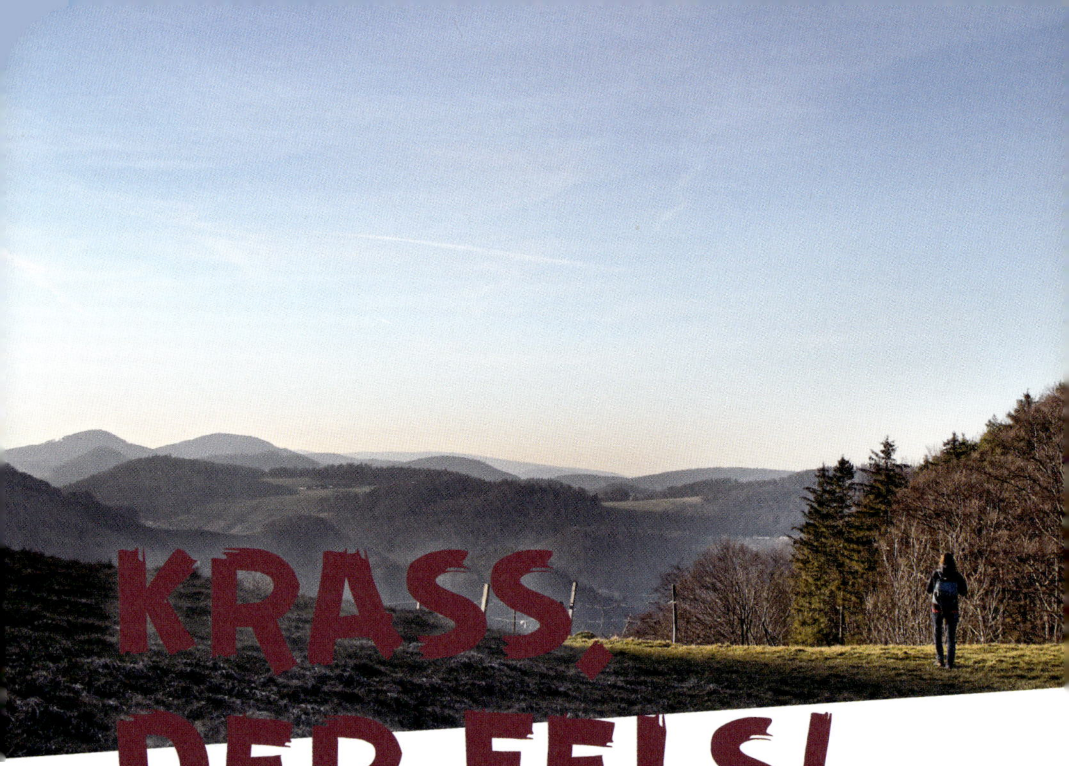

KRASS, DER FELS!

… zur Waldenburg und Gerstelflue

#23

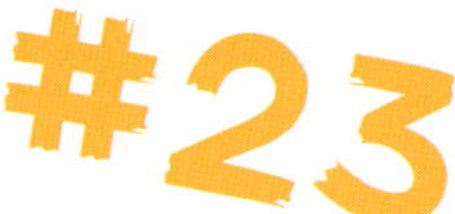

Vom Städtchen Waldenburg geht's steil bergauf, auf die Ruine und den schmalen Felsrücken der Gerstelflue, in die Welt der schroffen Felsen. Wer die spektakuläre und wilde Seite des Baselbiets erleben will, sollte die Mühen dieser Gratwanderung unbedingt auf sich nehmen.

#BurgaufFelssporn #höherhöherhöher #überStockundStein

Auf der Waldenburg wird Geschichte greifbar.

Der Ausflug beginnt an der Endstation der Waldenburgerbahn. Doch bevor's den Berg hoch geht, lohnt sich ein Blick ins winzige Städtchen Waldenburg, das zwischen den felsigen Falten des Juras eingeklemmt liegt. Hier verband jahrtausendelang eine wichtige Transitroute den Raum Basel mit dem Schweizer Mittelland, und sogar Napoleon persönlich soll hier einst durchgereist sein.

Von den verträumten Winkeln und engen Gassen des Städtchens geht es schließlich bergauf. Bald führt der Wanderweg im Zickzack die sonnenverwöhnte Südflanke des Schlossbergs hoch. Hier wachsen Föhren, Buchsbäume und andere Pflanzen, denen die steinige Kargheit nichts anhaben kann und die an mediterrane Vegetation erinnern. Oben auf der Ruine Waldenburg, die auf dem Grat

Schroffe Felsen und spektakuläre Abhänge – hier macht der Jura einen auf »voll krass« und lässt seine Special Effects spielen.

trohnt, ist die erste Pause angesagt. Abenteuerliche Holz- und Steintreppen führen auf die Wehrplatte des mächtigen Bergfrieds mit Rundum-Aussicht. Die Anfänge der Waldenburg gehen zurück bis ins Jahr 1200. Ab dem Ende des Mittelalters herrschten während drei Jahrhunderten die von der Stadt Basel eingesetzten Landvögte von hier über die Landbevölkerung, bis die Waldenburg im Zuge der helvetischen Revolution im Jahr 1798 von

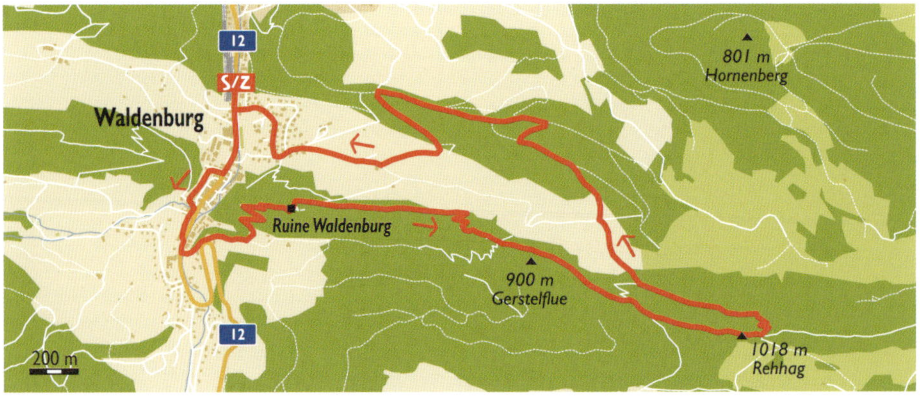

Die Ruine Waldenburg erhebt sich hoch über dem gleichnamigen mittelalterlichen Städtchen.

den Aufständischen gestürmt und niedergebrannt wurde.

Nach dem Besuch der Ruine führt der Weg unterhalb zerklüfteter Felswände und schroffer Gesteinsformationen vorbei immer weiter bergauf: Für alle, die Gebirge nicht gewohnt sind, ein krasser Anblick. Aber so steil und unwirtlich es hier ist: Auf dem schmalen Bergrücken wurden Spuren einer eisenzeitlichen Höhensiedlung gefunden ...

Bald führt die buchstäbliche Gratwanderung entlang der Krete. Spätestens auf dem höchsten Punkt der Gerstelflue, auf 929 Metern ü. M., ist eine weitere Pause angesagt, von wo aus man den Ausblick über große Teile des Baselbiets genießen kann, bevor es weitergeht. Würde die Gerstelflue irgendwo in einem viel besuchten Nationalpark liegen, wäre sie wohl weithin berühmt und millionenfach fotografiert. Weil sie sich aber im touristisch noch eher weniger bekannten Oberbaselbiet befindet, ist sie weder überlaufen noch totbesucht, sondern erfreut sich einer wilden Ursprünglichkeit, die jeder in sich aufnehmen kann, der der Natur mit Respekt und offenen Augen begegnet. Und wer die nötige Kondition und Trittsicherheit besitzt, sollte sie sich auf keinen Fall entgehen lassen.

Von der Kuppe des Rehags schließlich führt der Wanderweg linker Hand den Hang hinunter zurück ins Tal. Diese letzte Strecke ist, verglichen mit dem Aufstieg zu Beginn, ein angenehmer Ausklang, ein Absacker quasi, und in weniger als einer Stunde ist man zurück am Bahnhof.

Hin & weg: Waldenburgerbahn ab Liestal bis zur Endstation Waldenburg.

Beste Zeit: Frühjahr bis Herbst (bei Regen nicht empfehlenswert).

Dauer & Strecke: Wanderzeit knapp 3,5 Std., 8,2 km. Auf- und Abstieg je gegen 600 hm.

Ausrüstung: Schuhe mit gutem Profil, evtl. Wanderstöcke. Achtung: Trittsicherheit erforderlich.

FAZIT: DASS DER JURA AUS STEIN BESTEHT, WIRD BEI DIESER TOUR MEHR ALS DEUTLICH. SPEKTAKULÄRE GRATWANDERUNG.

WO DIE GÄMSEN WOHNEN

#24

Wilde Tiere, eine Mineralwasserquelle, eine (fast) einzigartige Burg und ein ehemaliger Bergrutsch – das und einiges mehr bietet die Wanderung von Eptingen Edelweiss über den Rängge nach Diegten. Auf ein abwechslungsreiches Auf und Ab im Faltenjura!

#alteRuineamFels #Wildtierbeobachtung #SpureneinerKatastrophe

Im Faltenjura geht es oft bergauf und bergab, doch was beim Wandern schweißtreibend sein kann, sorgt auch für wunderbare Ausblicke.

Lust auf einen Besuch bei den Gämsen? Dafür braucht man nicht in die Alpen zu fahren – der Baselbieter Jura reicht! Natürlich gibt es keine Garantie, den wilden Bergbewohnern zu begegnen, denn dies ist die freie Natur und kein Tierpark. Aber die Chancen stehen gut, da der Bestand der Wildtiere zunimmt. Beispielsweise rund um Eptingen leben etliche der Gämsen in Gruppen zusammen, und oft sind sie nicht mal richtig scheu.

Also frisch los, den Rucksack mit Feldstecher und Proviant gebuckelt und aufgepasst, ob das Vieh auf der Weide nicht doch Hörner und einen dunklen Augenstreif hat ... Von der Mineralquelle Eptingen, wo das Wasser mit den meisten Mineralien der Schweiz in Flaschen abgefüllt wird, geht es vorbei an einer Feldscheune und durch Landwirtschaftsland zum Wald. Unterhalb der Riedfluh verbirgt sich die gleichnamige Ruine. Sie klebt fast wie ein Schwalbennest an der leicht überhängenden Felswand und gehört zur Gattung der Grottenburgen, von denen im gesamten Jurabogen gerade mal zwei bekannt sind.

Die Grottenburg Riedfluh entstand ums Jahr 1050 und ist damit eine der ältesten Burgen

---

Hin & weg: Bus 107 ab Sissach bis Eptingen, Edelweiss. Zurück mit Bus 107 ab Diegten, Oberdiegten.

Beste Zeit: Sofern kein Matsch liegt oder es heftig geregnet hat, ist die Tour ganzjährig machbar.

Dauer & Strecke: Reine Wanderzeit gut 1,5 Std., 5,3 km.

Ausrüstung: Feste Schuhe, Proviant, evtl. Feldstecher.

Zart streckt der Frühling seine Fühler aus.
Zeit für ein paar philosophische Fragen ...

der Region. Nur 150 Jahre später fiel sie einem Brand zum Opfer und wurde aufgegeben. Da sie in keinen Urkunden erscheint, war ihre Existenz lange unbekannt, und nur dank eines Zufalls wurde sie in den 1960er-Jahren wiederentdeckt.

Schon nur aufgrund ihrer exquisiten Schwalbennest-Wohnlage ist sie sehenswert. Und den Spuren nach zu schließen leben heute zwar definitiv keine Ritter mehr in der Burgruine, sondern, richtig geraten: zuweilen die gesuchten Gämsen.

Wenn die Wanderung weitergeht Richtung Rängge und Diegten, bietet sich etwas weiter oben, von der Riedfluh selber, ein toller Ausblick Richtung Belchen und auf die offen gelegten Gesteinsschichten der imposanten Lauchfluh. Jenseits der Autobahn, an der Talseite gegenüber, ist deutlich die Abbruchkante des Erdrutschs von Eptingen zu sehen, der im Jahr 1969 die sich damals im Bau befindliche Nationalstraße verschüttete. Neben der Autobahn- und Brückenbaustelle fielen dem verheerenden Naturereignis auch ein Bauernhof und der Dorffriedhof zum Opfer – und die damalige Abfüllanlage der Mineralwasserfabrik Eptingen.

FAZIT: GÄMSEN UND GROTTENBURG – ZWEI GEGENSÄTZLICHE SEHENSWÜRDIGKEITEN, FÜR DIE SICH DER AUSFLUG INS HINTERSTE DIEGTERTAL LOHNT.

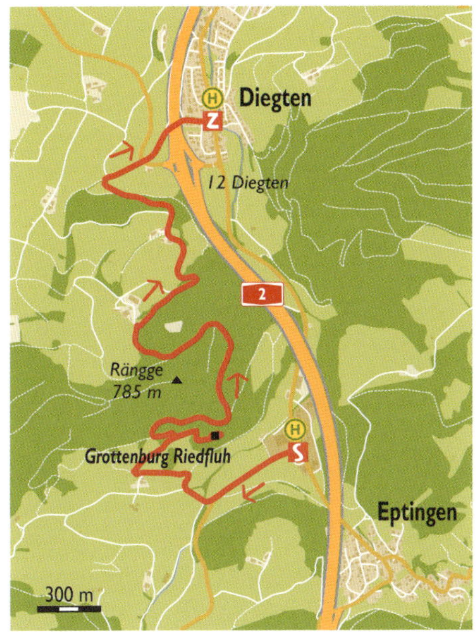

KRÖTEN-HOCHZEIT

... von den Talweihern nach Oltingen

Heut ist ein Fest bei den Fröschen am See: Jeden Frühling pilgern Abertausende von Amphibien zu den Talweihern, um zu laichen. Das Naturschutzgebiet im Ergolztal hat aber auch anderes auf Lager, und das Wanderziel Oltingen besticht durch seine rustikale Schönheit.

#Krötenalarm #Bärlauchduft #größterSeeimOberbaselbiet

Summm, summm, summm: An den Talweihern sind nicht nur Amphibien fleißig mit der Fortpflanzung und Nahrungsaufnahme beschäftigt.

Der Kanton Baselland ist für vieles bekannt: Für seine liebliche Landschaft, seine Kirschen, seine verträumten Dörfer. Aber ganz sicher nicht für seine Seen, denn da gibt es keine. Wasser kann sich hier nicht sammeln, sondern läuft ziemlich schnell ab – in den karstigen Boden oder in Bächen und Flüsschen zum Rhein. So kommt es, dass ein Ausflug zu einem der größten stehenden Gewässer des Kantons eine Reise zu einem Weiher ist. Genauer gesagt: zu zweien. Die Postautohaltestelle befindet sich zwischen dem Oberen und dem Unteren Talweiher, die gemeinsam zum Naturschutzgebiet Tal gehören. In den 1960er-Jahren als Ausgleich zum Autobahnbau drei Täler weiter erschaffen, befindet sich hier ein kleines Paradies für Amphibien. In Scharen pilgern sie im Frühling an die Weiher, zu Hochzeit und Eiablage. Ein Leitsystem mit Zäunen und Unterführungen entlang der Straße verhindert ein Massaker. Es sind so viele Lurche, die hier Jahr für Jahr eintreffen, dass die Talweiher ein »Laichgebiet von nationaler Bedeutung« sind.

Wer will, ist zum großen Hochzeitsfest eingeladen und darf beobachten. Aber aufgepasst: Man muss achtgeben, wo man hintritt,

denn weder liebestolle Kröten noch andere Amphibien haben einen Sinn für Gefahren.

Aber auch Fische, Vögel und allerlei Kleingetier lassen sich an den Talweihern beobachten, ebenso wie Kleinsäuger – und des Nachts flitzen Fledermäuse über die Wasseroberfläche. Auch Hechte leben hier, und die Raubfische ziehen zuweilen in echtester Der-weiße-Hai-Manier junge Blässrallen in die dunklen Tiefen des Weihers, um sie zu verspeisen.

Wer sich am Weiher und dem angrenzenden Feuchtgebiet sattgesehen hat, für den geht's dann bergauf. Der junge Lauf des Flusses Ergolz schlängelt sich durch eine ehemalige Wässermatte, und an den steilen Waldhängen riecht es betörend nach Bärlauch. Ein lauschiger Wasserfall verleiht dem engen Tälchen fast feenhaften Charme. Am Ende des romantischen Wegs erreicht man Oltingen, ein ehemaliges Bauerndorf mit einem der am besten erhaltenen Dorfbilder im Baselbiet – und darum aufgenommen im »Bundesinventar der schützenswerten Ortsbilder von nationaler Bedeutung«. Nach einem Abstecher zur Kirche – wer will, kann hier spätgotische Fresken

---

Hin & weg: Postauto 102 ab Gelterkinden nach Anwil, Talweiher. Zurück mit dem Postauto 103 ab Oltingen, Postplatz.

Beste Zeit: Für die Krötenhochzeit natürlich im Frühling, ungefähr Ende März.

Dauer & Strecke: Reine Wanderzeit rund 1 Std., circa 4 km. Genügend Zeit zum Beobachten einberechnen!

Ausrüstung: Feldstecher und gute Schuhe.

An den Weihern und im lauschigen Tal der Ergolz lässt es sich mit allen Sinnen in die Natur eintauchen.

bewundern, die Kunsthistoriker aus der halben Welt in Begeisterung versetzen – und zum in seiner ursprünglichen Form wiederhergestellten Pfarrgarten geht's durch die idyllischen Gassen des Orts zum Gasthof Ochsen. Nach einer Stärkung der flüssigen oder festen Art kann man sich immer noch entscheiden, ob man einen weiteren Rundgang in der Umgebung des Dorfes und seiner Obstgärten machen möchte, zurückwandert zum Talweiher oder ob man dem Ruf des Postautos erliegen soll.

FAZIT: WER KRÖTEN EKLIG FINDET, HAT NOCH NIE IN DEREN BERNSTEINAUGEN GESCHAUT. UND SOLLTE DARUM ZUM FEUCHTGEBIET AM TALWEIHER SPAZIEREN.

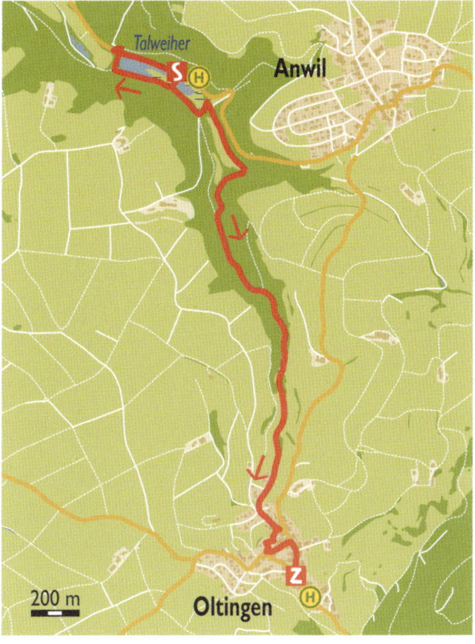

ES LÄCHELT DER BACH

… in der Reinacherheide

#26

Mitten im Siedlungsmeer des Unterbaselbiets gibt es eine Insel der Natur: die Reinacherheide. Hier blühen wilde Blumen, die Birs lädt zum Bade, und Biber und Biotopbesucher teilen sich eine ebenso überraschende wie faszinierende Landschaft.

#imWaldundaufderHeide #Badefreuden #Naturschutzgebiet

Der Biber fühlt sich wohl an der Birs. Seit Jahren führt er immer wieder eigene »Baumaßnahmen« aus.

Eine Heide in der Region Basel, wer glaubt denn so was? Doch, das gibt's! Und sogar mitten im dicht besiedelten Bezirk Arlesheim, wo weit mehr als die Hälfte der ganzen Bevölkerung des Kantons Baselland lebt, obwohl er von der Fläche her keine 20 Prozent ausmacht. Die Reinacherheide ist eine Naturoase mitten im Siedlungsmeer, die viele Leute für eine kurze Nordic-Walking- oder Joggingrunde aufsuchen – in der man aber auch länger verweilen kann. Problemlos.

Kommt man von Norden her, übertönt bereits beim Eintauchen in den Wald das Vogelkonzert schnell die Geräusche der Zivilisation. Diese werden leiser und verschwinden irgendwann. Vergessen sind die Agglomeration der »Birsstadt«, die Industriegebiete, die Schnellstraße. Nach dem Wald tut sich Heide auf. Sie entstand nach der Birskorrektion im 19. Jahrhundert, weil sich das Grundwasser absenkte. Trockenrasen fügt sich an Schotterflächen und lässt Pflanzen gedeihen, die auch mit wenig Wasser auskommen. Könnte fast irgendwo im Süden sein – jedenfalls befindet man sich in einer anderen Welt. Einer Welt, in der Blumen blühen und Grillen zirpen, in der die Heckenbraunelle ihren Gesang aus einem Schwarzdornbusch hören lässt – und wo der Biber wohnt. Denn an den Trockenrasen grenzt Auenwald.

Hier an der Birs war einer der ersten Orte, an die – 200 Jahre nach seiner Ausrottung in der Schweiz – der Biber ins Baselbiet zurückkehrte. Heute bevölkert er verschiedene Flüsse, scheint sich heimisch zu fühlen, und seine Spuren lassen sich entlang des Biberpfads am lauschigen Birsufer gut nachverfolgen. Zu Fuß am Fluss entlang, kann es gut sein, dass man den verlockenden Rufen des kühlen Wassers irgendwann nachgeben muss.

Hin & weg: Tram 11 bis Reinach, Surbaum, dann zu Fuß ein Stück in derselben Richtung weiter.

Beste Zeit: Zum Baden, wenn es warm ist.

Dauer: Ganz nach Gutdünken. Achtung: Im Naturschutzgebiet gelten besondere Regeln, sowohl was Spazieren als auch was Baden angeht.

Ausrüstung: Sonnenschutz, Badezeug.

In der Reinacherheide kann man eine außergewöhnliche Vegetation erleben. Trockenrasen und Schotterflächen sind wichtige Lebensräume für seltene Pflanzen- und Tierarten.

Dann findet man gleich beim »Heidebrüggli« einen erlaubten Birszugang. (Auch unterhalb der Reinacherheide gibt es bei idyllischen Kiesbänken geeignete Plätze, wo die Birs zum Bade lädt.)

Übrigens: Die Reinacherheide kommt auch aus der Leitung. Das Wasserwerk von Reinach versorgt über 50 000 Menschen in der Region mit frischem Wasser aus dem Grundwasserstrom, der unter der Schotterdecke der Birs baselwärts fließt.

FAZIT: TROCKENRASEN UND WASSERSCHLOSS – IN DER AUßERGEWÖHNLICHEN LANDSCHAFT DER REINACHERHEIDE IST DAS KEIN GEGENSATZ.

AN EINEM BÄCHLEIN HELLE

#27

Zwei attraktive Seitentäler des Laufentals laden zum Entdecken ein. Auf einer Wanderung geht's nicht nur über Stock und Stein, sondern auch zu gurgelnden Bächen und spannenden Höhlen.

Im Chessiloch finden sich Wandbilder der patriotischen Art: Soldaten huldigten hier im Ersten Weltkrieg während langer Wachestunden mit Pinsel und Farbe ihrer Heimat.

Das Laufental führt, von Basel aus gesehen, oft ein Schattendasein. Dabei ist man mit dem Zug sehr schnell dort und findet viel Schönes. Touristisch gesehen, nennt sich der jüngste Bezirk des Kantons Basel-Landschaft auch Rock Valley. Und das hat was, denn Steine gibt es hier wirklich wie Sand am Meer. Und Höhlen gibt es auch.

Nicht von ungefähr kann man im Laufental, wenn man von Zwingen her kommt, einen Karstlehrpfad finden. Diesem folgen wir allerdings nur auf den ersten anderthalb Kilometern und bleiben dann an der Birs (später stößt man in umgekehrter Richtung wieder zum Lehrpfad).

Beim eindrücklichen Chessiloch vorbei, wo während des Ersten Weltkriegs patriotische Soldaten auf Wache Felsmalereien anfertigen, geht es rechts ins Chaltbrunnental. Hier dominiert die Farbe Grün. Hellgrün, Dunkelgrün, Mattgrün, Graugrün, Knallgrün ... Dazu etwas Grau oder Braun. Moosbewachsene Bäume recken sich lichthungrig der Sonne entgegen, und gewaltige Felsbrocken lauern in die Höhe. Fast sehen sie aus wie Wegelagerer, und auch vom einen oder anderen Wandererherzen fällt zuweilen wohl ein Stein, wenn alles gut gegangen ist und die Felsen oben blieben.

Aber so schlimm ist es nicht. Das Chaltbrunnental ist in erster Linie ein kühles und wildromantisches, idyllisches Waldtal, wo es sich nach Herzenslust im Bach planschen und die umliegenden Höhlen erkunden lässt. Und natürlich Rast machen und Picknick auspacken – lauschige Plätze dafür gibt es zuhauf. Nach der Durchquerung des Chaltbrunnentals kommt dann das Chastelbachtal, ein Tal weiter west-

Während die Birs ruhig und sanft durchs Laufental fließt, zeigt sich das Chastelbachtal von seiner wild-gefährlichen Seite.

lich, an die Reihe. Es ist auch schon als wilde kleine Schwester des Chaltbrunnentals bezeichnet worden, ist rauer, und die Natur wirkt noch stärker. Hier hat der Bach an den Steilhängen Gesteinsschichten freigelegt, die die Erde vor zig Millionen Jahren in die Landschaft modelliert hat. Der plätschernde Bach folgt seinem Hindernislauf über Felsen, um Steine herum und unter etlichen Brücken und Stegen hindurch bergab. Hier ist es besser, so warnt ein Schild beim Wanderwegweiser, wenn man erst gar nicht stehen bleibt und die unbändige Natur lieber einfach so im Gehen genießt.

Wenn die wilde kleine Schwester sich schließlich öffnet und das Wasser des Chastelbachs sich jenseits der Bahnlinie Basel-Delémont in die Birs ergibt, führt der Weg nach rechts ebendieser entlang ins Dorf Grellingen. Hier ist man zurück in der Zivilisation, es gibt Verpflegungsmöglichkeiten und einen Bahnhof, doch die Erinnerung an die beiden wilden Seitentäler des Rock Valleys wird noch einen Moment nachhallen. Garantiert.

FAZIT: ZWEI WILDE TÄLER MIT HÖHLEN, BÄUMEN, MOOS. EINE KULISSE WIE IM DSCHUNGELFILM. ODER EINER FEENSAGA.

Hin & weg: Regio-S-Bahn (S3) nach Zwingen. Zurück mit der S3 ab Grellingen.

Beste Zeit: Sommerhalbjahr. Besonders schön, wenn es in der Stadt schon zu heiß ist, um sich zu bewegen. Dann macht das Chaltbrunnental seinem Namen erst recht alle Ehre.

Dauer & Strecke: Reine Wanderzeit gut 3 Std., 10,6 km.

Ausrüstung: Festes Schuhwerk, Picknick.

RIECHEN, SCHMECKEN, TASTEN

... zum Ricola-Kräutergarten im Laufental

Ein Besuch im Ricola-Kräutergarten regt die Sinne an, kitzelt die Nase und aktiviert die Geschmacksnerven. Dabei wartet nicht nur ein Rendezvous mit den Kräutern aus der berühmten Mischung, sondern mit zahlreichen anderen Heilpflanzen und ihren Geheimnissen.

#mitallenSinnen #Werhatserfunden? #Kräuterkraft

Im Ricola-Kräutergarten kann man Heilpflanzen mit allen Sinnen erleben und näher kennenlernen.

Ricola ist eines der berühmtesten Exportprodukte des Kantons Baselland. Verkauft wird der Kräuterzucker in 50 Ländern weltweit, und dank dem Werbespot mit dem Satz »Wer hat's erfunden?«, den in Deutschland jedes Kind kennt, ist der Schweizbezug von Ricola fast so stark wie von Uhren, Kühen oder Schokolade. Was viele nicht wissen: Nicht einfach »die Schweizer« haben Ricola erfunden, sondern genauer gesagt Emil Richterich, Bäckermeister aus Laufen.

Ricola wird aus rund einem Dutzend Kräutern gemacht. Und genau diese Kräuter und noch einige Heilpflanzen mehr kann man in den sechs Ricola-Kräutergärten, die es in der Schweiz gibt, betrachten, berühren und beschnuppern. Einer davon liegt in Nenzlingen, unweit der Geburtsstätte des berühmten Kräuterzuckers.

In Beeten, Kräuterschnecken und auf bepflanzten Feldern lässt sich die ganze Pracht heimischer Heilkräuter erleben und viele Fragen beantworten: Wie sieht denn eigentlich Eibisch aus? Wonach riecht Schafgarbe, und wie schmeckt Malve auf der Zunge? Der Duft nach Minze tränkt die Luft – auf einem Feld

Nicht nur ein Fest für die Augen, sondern auch für Nase und Fingerspitzen – und je nachdem auch für die Zunge.

lassen sich gleich 30 verschiedene Minzearten bestaunen. Tipp: Sich auf den Boden setzen, Augen schließen und einfach mal drauflosschnuppern.

Um sich das sinnliche Erlebnis im Kräutergarten auch zu verdienen, beginnt die Tour im engen Tal, unten in Grellingen, und führt durch den Wald bergauf. Immer weiter streift der Blick in die Jurahügel. Auf der Sonnenterrasse über dem Laufental, eine Viertelstunde vom Dorf Nenzlingen entfernt, liegt der Kräutergarten, wo man sich sattsehen und -riechen kann an Heilpflanzen, Bäumen

Auf der Sonnenterasse hoch über dem Laufental lädt der Frühling zum Draußensein ein.

und Sträuchern und wo Holzbänke und -tische zur Rast einladen. Gleich anschließend lockt ein Wildpflanzenweg. Und wer nicht nur mehr über Pflanzen, sondern auch über Bienen erfahren will, kann auch den Bienenpfad absolvieren, der am Kräutergarten vorbeiführt.

Danach geht die Wanderung weiter. Das Ziel der Tour, das Dorf Blauen am Fuß des gleichnamigen Bergs, ist in der Ferne bereits zu sehen. Auch dieser Ort liegt auf der Sonnenterrasse mit Blick Richtung Süden in die Faltenjuraketten.

Über die Nänzligeweid und den Blattenpass – früher ein bedeutender Pass, den Händler und Reisende überwinden mussten – geht's zur Blaueweid. Die Weiden an den Südhängen über dem Laufental sind nicht nur schöne Kulissen für Landschaftsgenießer, sondern wertvolle Naturschutzgebiete. In den Trockenstandorten finden sich seltene Tier- und Pflanzenarten, für die dieser sonnenverwöhnte Ort wie geschaffen ist.

FAZIT: KRÄUTERWISSEN ERFAHREN UND HEILPFLANZEN MIT ALLEN SINNEN ERLEBEN, KOMBINIERT MIT TOPAUSSICHT UND NATUR SATT.

Hin & weg: Regio-S-Bahn S3 nach Grellingen. Zurück mit Bus 119 ab Blauen, Dorfplatz.

Beste Zeit: Der Ricola-Schaugarten ist ganzjährig geöffnet, besonders lohnenswert ist aber ein Besuch zwischen Mai und September in der Wachstumsphase der Kräuter.

Dauer & Strecke: Reine Wanderzeit gegen 3 Std., 10,5 km.

Ausrüstung: Gute Schuhe, Picknick, genügend zu trinken.

EINFACH MAL OFFLINE

 ... durchs Chrindeltal zum Giessen 

#29

Ein Wasserfall stürzt sich über einen 18 Meter hohen Felsriegel direkt auf einen Tuffkegel: Der Rünenberger Giessen bildet das Ende des wildromantischen Schattentals des Chrindels.

#Moosistgroß #natürlicheDusche #WurstvomFeuer

Statt Smartphonegeräuschen ist im Chrindeltal das Plätschern des Bachs zu hören, und statt dem Handydisplay leuchten die Farben der Frühlingsblumen.

»Ich bin dann mal weg«: Das kann man sagen, wenn man sich auf den Weg macht nach Santiago de Compostela; oder zum Rünenberger Giessen. Denn solange da nicht ein starker Mobilfunkmast auf einem benachbarten Berg gebaut wird, herrscht an einem der höchsten Wasserfälle das Kantons Baselland im wahrsten Sinne des Wortes Funkstille – und da ist man dann wirklich weg. Von allen Einflüssen der digitalen Welt abgehängt, von Telefonnetz, SMS, WhatsApp, Instagram oder auch nur der Online-Wanderkarte.

Die Anreise erfolgt allerdings durch Gebiete, in denen das Handynetz ganz normal entwickelt ist und der Empfang tadellos klappt. Mit der Regionalbahn S9, dem »Läufelfingerli«, geht es zum Bahnhof Sommerau. Früher wurde diesem Bahnhof, als die Nebenstrecke durchs Homburgertal noch die einzige Verbindung zwischen Basel und dem Mittelland war, große strategische Wichtigkeit zuteil – hier konnten nämlich die Tanks der Dampfloks wieder mit Wasser gefüllt werden.

Am Anfang führt der Weg ein kurzes Stück an der Bahn entlang, bevor er nach links abbiegt ins Chrindeltal. Nach Waldrand und Wiesen kommt man bald in einen Auenwald. Lichte Bäume, jubilierende Vögel, Sonnenflecken auf dem Laub. Etwas später wird es klammer – dann nämlich, wenn die Hänge zu beiden Seiten näher rücken und man entlang des Bachlaufs schließlich den Stierengraben erreicht.

An den Seiten erheben sich Felsbänder, das Licht verändert sich, Moos wächst überall. Und weil in dem hier bestehenden Naturschutzgebiet bewusst Altholzinseln belassen werden, wird der Wald wilder und unüber-

Wunder der Natur: Wer ein Auge für Details hat, wird hier Zeuge von vielfältiger Entfaltung.

sichtlicher. Stark verwundern würde es nicht, wenn in dieser zerklüfteten, von Hirschzungen und Farn bewachsenen Landschaft irgendwo plötzlich ein Troll oder ein sonstiges Waldwesen seine spitze Nase hinter einem am Boden vermodernden Baum hervorstrecken würde.

Dann, am Ende des Stierengrabens, das Sahnehäubchen: der Rünenberger Giessen, der über eine 18 Meter hohe, gewölbte Felswand auf einen Tuffkegel hinunterfällt. Es ist, als hätte die Natur diese Arena bewusst so geformt, um ihn zu inszenieren. Es ist ein besonderer Ort, wo die Natur stark ist – und die Ablenkung weggesperrt, siehe Funkloch. Hier gibt es eine Feuerstelle, und wer will, kann sich auch ein erfrischendes Fußbad im kalten Wasser des Bachs gönnen.

Auf dem Rückweg lässt sich der landschaftliche Wandel von hinten wieder aufrollen: von zerklüftet bis zu lieblich. Und zurück in den Handyempfang.

FAZIT: ZU BESUCH BEI DEN TROLLEN – EIN SCHÖNES NATURERLEBNIS, AUCH WENN MAN DIE TROLLE NICHT SIEHT.

Hin & weg: Regio-S-Bahn S9 ab Sissach bis Sommerau.

Beste Zeit: Frühling bis Herbst.

Dauer & Strecke: Reine Wanderzeit knapp 2,5 Std., circa 8 km.

Ausrüstung: Festes Schuhwerk, Picknick, evtl. Wurst und Sackmesser.

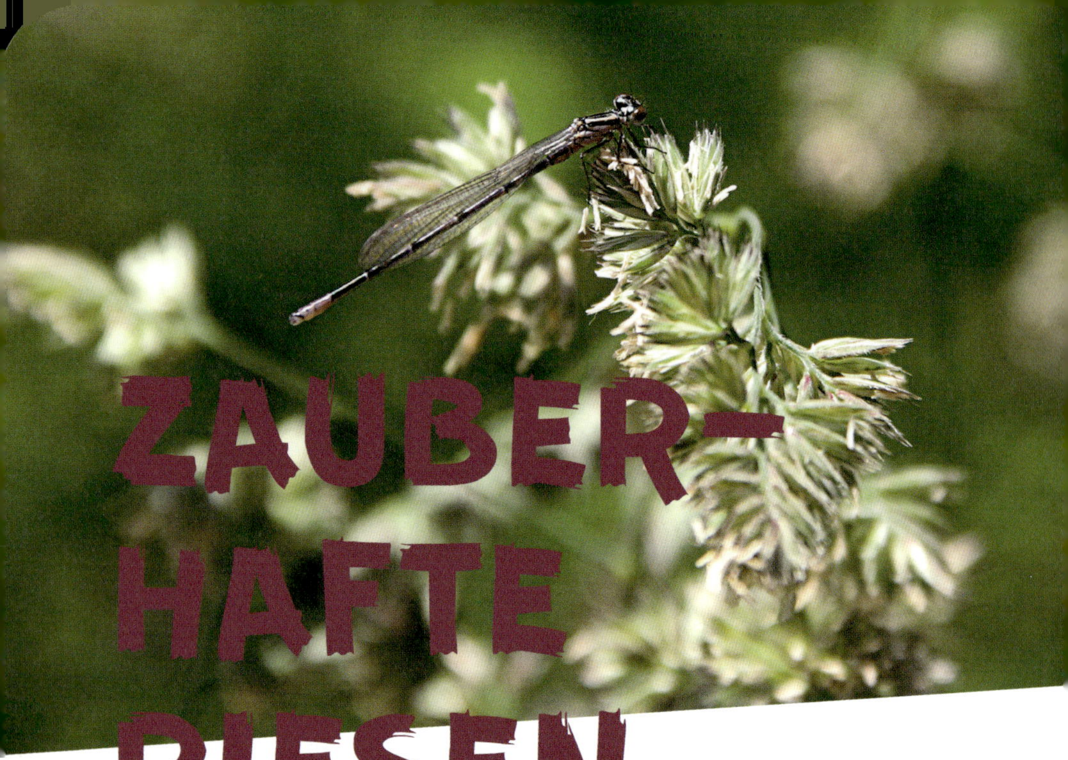

ZAUBERHAFTE RIESEN

… rund ums Gebiet Wildenstein

#30

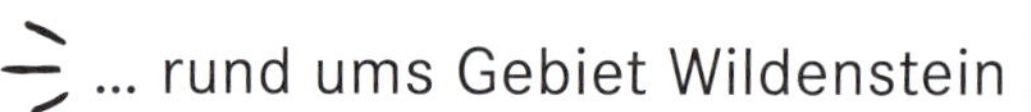

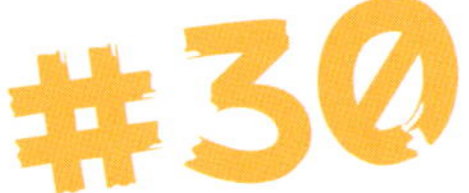

Eine märchenhafte Höhenburg, ein romantischer Wasserfall und uralte Baumriesen, die noch vor der Reformation ihre Wurzeln in den Boden geschlagen haben: Wildenstein ist ein Bijou mit ganz besonderer Anziehungskraft.

#Baumriesen #Höhenburg #vielfältigeNatur

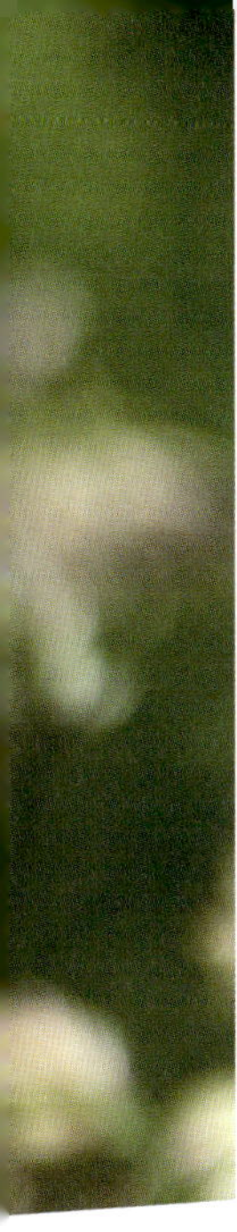

Alt und knorrig stehen die Eichen im Hain bei Wildenstein, jede ein charakterstarkes Individuum. Was würden sie wohl erzählen, wenn sie sprechen könnten?

Uralte Eichen, ein Schloss zum Heiraten und ein Wasserfall wie aus dem Bilderbuch: Das Gebiet rund um Wildenstein ist eines der Schatzkästchen der Region Basel, wo man nicht weit gehen muss, um auf viele verschiedenartige Schönheiten zu treffen. Von Lampenberg aus geht's zuerst durch Kulturland und durch den Wald, und dann liegt er bereits da: auch ein Wald, aber ein einzigartiger. Der Witwald von Wildenstein. Über ein halbes Jahrtausend alte Eichen stehen hier. Damals herrschte noch Mittelalter, und man trieb die Schweine zum Mästen unter die Bäume, wo sie sich an Bucheckern und Eicheln gütlich

Unterhalb des märchenhaften Schlosses versteckt sich der bezaubernde Sormattfall.

taten; das gab dem Schinken einen besseren Geschmack und war keine direkte Nahrungskonkurrenz für den Menschen. Einige der riesenhaften Bäume haben über 500 Jahre auf dem Buckel. Die knorrigen Riesen sind also so alt, dass sie schon aus dem Boden sprossen, da spielte Kolumbus eben erst mit dem Gedanken, Indien entdecken zu gehen. Was für eine Vorstellung!

Heute steht der Eichenhain von Wildenstein unter Naturschutz, und man darf ihn nur auf markierten Wegen betreten, um seine zahlreichen Bewohner - Spechte, Wiesel, Hirschkäfer und viele, viele andere - nicht zu stören. Neben den ehrwürdigen Baumgreisen werden übrigens auch junge Eichen gepflanzt, auf dass dieses einzigartige Stück Natur auch noch in ein paar Jahrhunderten von Mensch und Tier genossen werden kann.

Nach dem Witwald führt der Wanderweg an einem lauschigen kleinen Weiher vorbei und an von Mohnblumen durchsetzten Getreidefeldern zum Schloss Wildenstein. Dieses ist die einzige erhaltene Höhenburg im Baselbiet, die in öffentlichen Händen liegt. Ein wenig sieht sie aus, als sei sie aus einem Märchenbuch gefallen. Wildenstein kann man mieten und dort Geburtstag oder Hochzeit feiern, und im Sommerhalbjahr sind die Tore zum heimeligen Innenhof regelmäßig offen.

Auf einem Informationspfad rund ums Schloss ermöglichen 3-D-Viewer einen Blick in alte Zeiten, bevor es weiter geht zum Sormattfall. Der kleine Wasserfall liegt romantisch in einem schmalen Waldtal unterhalb des Schlosses. Hier gibt es steile Felsen, in die sich die Wurzeln der Bäume krallen, und die Luft ist erfrischend kühl und feucht. Im Lauf

Das Gebiet rund um Wildenstein ist Heimat zahlreicher seltener Tier- und Pflanzenarten.

der Jahrhunderte hat der Sormatfall einen glänzenden Tuffsteinsockel geformt. Wer noch ein wenig in der Natur schwelgen will, bevor der Abstieg nach Bubendorf und damit die Rückkehr ins 21. Jahrhundert ansteht, findet hier ein optimales Plätzchen zum Verweilen.

FAZIT: PRALLE NATUR UND SPANNENDE GESCHICHTE – VERSAMMELT AUF EINEM KLEINEN GEBIET

Hin & weg: Bus 93 bis Lampenberg, Dorf. Zurück mit Bus 70 oder 71 ab Bubendorf, Steingasse.

Beste Zeit: Ganzjährig möglich, aber besonders schön im Frühling zwischen April und Juni. Aktuelle Infos zu den Öffnungszeiten des Schlosses: www.schloss-wildenstein-bubendorf.ch

Dauer & Strecke: Reine Wanderzeit knapp 2 Std., 6,5 km. Gerade im Eichenhain lohnt sich ein längerer Aufenthalt – solche Bäume kriegt man nicht oft vors Gesicht!

Ausrüstung: Gutes Schuhwerk, Kleingeld für den Selbstbedienungshofladen im Oberen Hof bei Wildenstein.

WO DER BISON MIT DEM HASEN

Eine kleinräumige Landschaft mit vielen Strukturen findet sich am Farnsberg im Oberbaselbiet. Der gleichnamige Obstgarten ist nicht nur ein Pioniergebiet im gemeinschaftlichen Naturschutz und ein Paradies für Wanderer und Feldhasen, sondern sogar für amerikanische Bisons.

#Burgruine #Blumenwiesen #ökologischeLandwirtschaft

Dank extensiver Landwirtschaft hat es im Rahmen des Projekts Obstgarten Farnsberg viel Platz für die Natur.

Die Nordwestschweiz ist eine der burgenreichsten Regionen von ganz Europa, und darum gibt es viele Möglichkeiten, auf einer Wanderung den Besuch einer Burgruine einzubauen. Eine besonders attraktive Vertreterin des »Burgenlands Baselbiet« ist die Farnsburg. Im ehemaligen Bauerndorf Rickenbach beginnt der Aufstieg rechter Hand erst mal steil, aber oben am Waldrand wird's dann flacher, und die Aussicht auf Dorf, Landschaft und Hügelzüge im Hintergrund umso attraktiver. Im Uhrzeigersinn geht's rund um den Farnsberg, und zwar durch den gleichnamigen Obstgarten. Dieser Naturraum ist ein Pioniergebiet, in dem seit dem Beginn der Nullerjahre Landwirte gemeinsam mit Naturschützern für eine nachhaltige und vielfältige Landschaft sorgen. Wichtiger Teil davon sind die traditionellen Streuobstwiesen, aber auch Hecken, Magerwiesen und andere Biotope sind Zuflucht für seltene Tier- und Pflanzenarten, die an anderen Orten von der Intensivierung der Landwirtschaft immer mehr verdrängt werden. Ein Beispiel ist der Feldhase. Oder der Neuntöter, ein Großinsekten jagender Vogel mit Hakenschnabel, dessen Bestand im Perimeter des Obstgartens Farnsberg zunimmt, während er im Rest der Schweiz immer seltener wird.

Aber der Obstgarten ist nicht nur für wilde Tiere und naturliebende Menschen ein »Place to be«, sondern auch Nutztiere fühlen sich hier sichtlich wohl. In der Nähe des Hofguts Farnsburg kann man sogar eine Bisonherde antreffen, die hier zwecks Fleischproduktion gehalten wird und die der Oberbaselbieter Juralandschaft einen Hauch Prärie verleiht.

Ein Highlight und idealer Rastplatz ist die Ruine Farnsburg: Sie gehört zu den größten Burganlagen im Kanton Baselland und verfügt über die bedeutendste Schildmauer der ganzen Schweiz. Von ganz oben kann man den Blick vom Schwarzwald bis in die Alpen schweifen lassen. Von der Farnsburg aus residierten auch nach dem Mittelalter noch Männer, die über die lokale Bevölkerung herrschten, nämlich Landvögte. Diese mussten ihren Machtsitz im Zuge der helvetischen Revolution 1798 fluchtartig aufgeben, und die Farnsburg wurde wie andere verhasste Landvogtsitze der Region von den Einheimischen gestürmt, geplündert und niedergebrannt.

Von der Schildmauer der Farnsburg aus schweift der Blick übers Baselbiet und bis in den Schwarzwald.

Heute ist es wieder sehr friedlich auf der Farnsburg und dem Berg, auf dem sie steht. Ein Glück für die Wanderer – und die Bisons und Hasen.

FAZIT: AM FARNSBERG GIBT'S VIELES ZU ENTDECKEN FÜR NATURFREUNDE UND LANDSCHAFTSGENIEẞER, ABER AUCH FÜR BURGENFREAKS.

Hin & weg: Postauto 100 bis Rickenbach, Weier. Zurück mit dem Zug ab Gelterkinden.

Beste Zeit: Frühjahr bis Herbst.

Dauer & Strecke: Reine Wanderzeit gut 2,5 Std., 8,7 km.

Ausrüstung: Gutes Schuhwerk und Picknick.

ÜBER ALLE BERGE

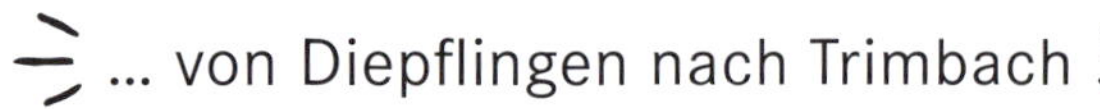

… von Diepflingen nach Trimbach

#32

An der Bahn entlang und einmal quer über den Jura: Der Zug braucht zwar keine Viertelstunde für dieselbe Strecke durch den Berg, aber wer vom Homburgertal zu Fuß über den Jura ins Mittelland wandert, erlebt den Weg ganz bewusst.

Das Viadukt von Rümlingen zählt zu den schönsten Eisenbahnbrücken des 19. Jahrhunderts in der ganzen Schweiz.

Ein bisschen könnte es sein wie früher, als man, um den Jura zu überwinden, noch nicht durch den Autobahntunnel fahren konnte und als auch noch keine 400 Züge täglich durch den Hauenstein-Basistunnel preschten.

Denn davor gingen die Passquerungen zu Fuß oder mit dem Fuhrwerk vor sich, und das seit der Römerzeit. Durchs Homburgertal fuhr dann ab dem Jahr 1858 die erste Bahnlinie, die die Region Basel mit dem Mittelland verband. Der Tunnel zwischen Läufelfingen und Trimbach war mit seinen 2495 Metern damals der längste Eisenbahntunnel Europas.

Heute wird diese landschaftlich reizvolle Strecke nur noch für den Lokalverkehr und als Ausweichroute benutzt. Und bevor's zu Fuß über den Jura geht, bringt der Regionalzug S9, liebevoll »Läufelfingerli« genannt, die Wanderer zum Start. Für Bahnfans wird's übrigens schon unmittelbar nach dem Umsteigen in Sissach spannend, wenn man an einem historischen Wasserturm, alten Bahnschuppen

Entlang der alten Hauensteinstrecke und später an den Ruinen von Homburg und Frohburg vorbei geht's quer über den Jura Richtung Mittelland.

und einer von Hand zu betreibenden Drehscheibe vorbeifährt.

Ab der Station Diepflingen geht's dann zu Fuß weiter, einigermaßen am eingleisigen Trassee entlang. Ein weiteres bahntechnisches Highlight wartet in Rümlingen: der Viadukt, gebaut in einer Rekordzeit von 17 Monaten. Natürlich könnte man auch mit der Bahn drüberfahren, aber unten ist das Bauwerk auch wirklich zu bestaunen und nicht nur während weniger Sekunden unter den Gleisen zu erahnen.

Bei Buckten geht's weg von der historischen Bahnstrecke, hoch zu noch Älterem, nämlich der Ruine Homburg. Graf Hermann IV. von Frohburg – wo später auf der Tour noch ein Besuch ansteht – ließ sie 1240 erbauen, heiratete strategisch günstig und nannte sich in Graf von Neu-Homburg um. Von hier hielt er den Finger auf den damals wichtigen Pass des Unteren Hauensteins. Nach mehreren Jahrhunderten der Herrschaft von Basler Landvögten ereilte die Burg dasselbe Schicksal wie die Farnsberg (Eskapade #31).

Die Juraquerung setzt sich fort, durch Läufelfingen und später an den ersten Häusern des Dorfs Wisen vorbei zur Frohburg. Ebenfalls

---

Hin & weg: Läufelfingerli S9 bis Diepflingen. Zurück mit dem Läufelfingerli ab Trimbach.

Beste Zeit: Ohne Schnee und Regen.

Dauer & Strecke: Reine Wanderzeit rund 4,5 Std., 15,8 km.

Ausrüstung: Ausdauer, gute Schuhe und ausreichend Proviant.

Ruine, steht man hier quasi schon auf der Terrasse über dem Mittelland, und der Verkehrsknotenpunkt Olten liegt zu ihren Füßen.

Von da an geht's dann nur noch bergab und weiter nach Trimbach, zurück zur historischen Bahnstrecke und zum »Läufelfingerli«, das in derselben Zeit den Jura schon ein paarmal gequert hat, aber immer nur unten durch den Tunnel hin und her pendelnd und im Gegensatz zum Höhenwanderer ohne jegliche Aussicht auf die Alpenkette.

FAZIT: SCHÖNE WANDERUNG, DIE DIE ÜBERWINDUNG DES JURAS – TEILWEISE ENTLANG HISTORISCHER ROUTEN – ZUM FASSBAREN ERLEBNIS MACHT.

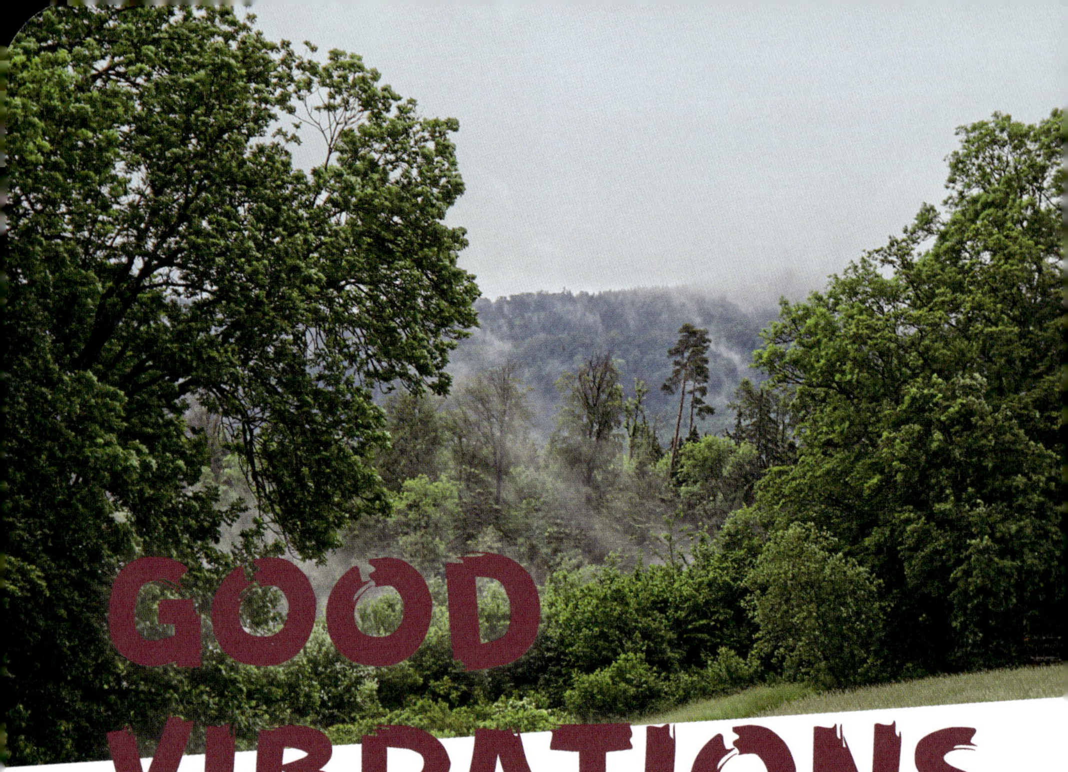

GOOD VIBRATIONS

… auf dem Buschberg

#33

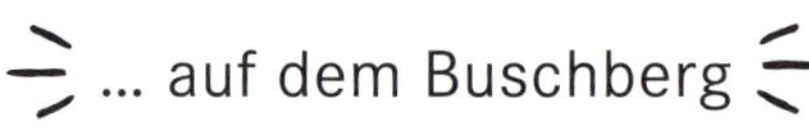

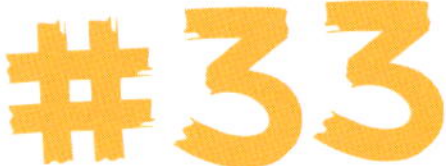

Eine geballte Ladung religiöser und spiritueller Spuren findet sich auf dem Buschberg. Von der Lourdes-Grotte bis zum Findling, vom Kraftort bis zum Keltengrab: Auf dem Buschberg scheint ganz schön was abzugehen.

#religiöseStätten #Wunder #OrtderKraft

Diese Tour ist voller Kraft. Unabhängig davon, ob christlich oder vorchristlich oder esoterisch – wer gute Schwingungen und spirituell getränkte Orte sucht, liegt auf dem Buschberg goldrichtig.

Vom Fricktaler Dorf Wittnau geht es bergan, zuerst auf dem Martinsweg an der Kirche vorbei, die – logisch! – dem heiligen Martin geweiht ist, hoch zur Lourdes-Grotte, mit Brunnen, einigen Sitzbänken, Mutter Maria und der heiligen Bernadette.

Von hier geht es auf einem Besinnungsweg mit zwölf Stationen zum Leben und Sterben von Jesus weiter auf den Buschberg, dessen Zentrum eine kleine Kapelle ist. Diese steht, wie bei Kapellen so üblich, nicht zufällig da

Zum Teil entlang des Martinswegs geht es von Kraftort zu Kraftort. Sogar die Rehe scheinen die Energie zu spüren.

oben, sondern weil sich im Jahr 1668 ein Wunder zutrug: Ein Müller aus Kienberg kam mit einem tonnenschweren Mühlstein auf einem von 14 Pferden gezogenen Fuhrwerk hier vorbei. Als der Müller vom Wagen fiel und überrollt wurde, rief der Fuhrmann geistesgegenwärtig Jesus und Maria zu Hilfe, und siehe da, der Verunfallte kam unversehrt davon. Aus Dank ließ er ein Kreuz errichten. Die Kapelle kam später, im 19. Jahrhundert, dazu.

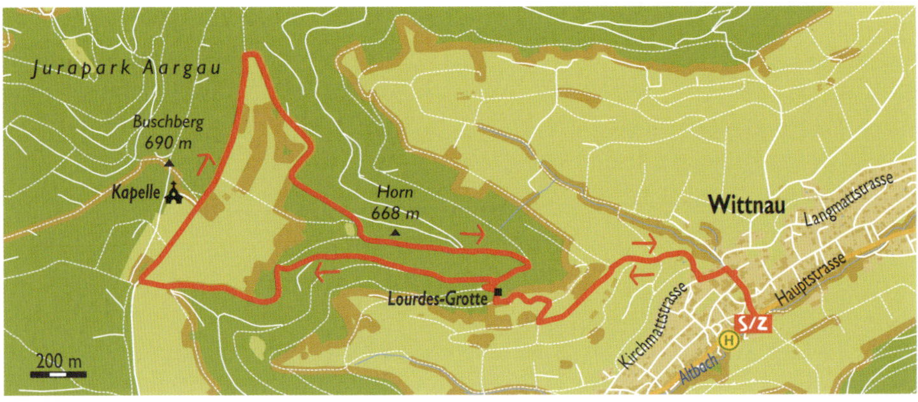

Das Wetter muss nicht immer wolkenlos und strahlend sein, um die Schönheit der Natur zu genießen.

So weit zur christlichen Religion. Doch als spiritueller Kraftort werden die Kapelle und ihre Umgebung nicht nur von Katholiken besucht, sondern auch von Menschen auf der Suche nach anderen positiven Schwingungen. In Internetforen ist etwa von Energiebahnen, kosmischer Kraft und sogar mysteriösen paranormalen Klängen aus der Erde des Buschbergs zu lesen.

Und bevor der Verdacht aufkommt, dies sei ein Phänomen gelangweilter Neuzeitler: Ein keltischer Grabhügel in der Nähe zeugt davon, dass die Menschen schon vor sehr langer Zeit um die spirituelle Attraktivität des Buschbergs wussten. Und fast könnte man meinen, dass dies auch den Steinen bewusst sei, ließ sich doch ein Findling vor etwa 200 000 Jahren vom Rhonegletscher aus dem Wallis an den Rand des Aargaus genau auf den Buschberg transportieren.

Jenseits von spirituellen oder religiösen Interessen der Menschen: Jemand kann sich auf dem Buschberg garantiert hervorragend verwirklichen, nämlich der Wald. An den Hanglagen rund um den – übrigens auch landschaftlich sehr attraktiven – energetischen Hotspot erstreckt sich das Naturwaldreservat Tiersteinberg-Homberg-Horn, wo die Bäume ihrem natürlichen Zyklus nachgehen können und der Mensch nicht eingreift. Hier kann der Wald entstehen, wachsen, leben und sterben, wie es die Natur bestimmt. Good Vibrations für viele Pflanzen und Tiere, vom Holzkäfer bis zum Schwarzspecht.

FAZIT: EGAL OB MAN SPIRITUELLES SUCHT ODER NICHT – DER BUSCHBERG TUT ALLEN GUT. SCHON ALLEIN WEGEN DER NATUR.

Hin & weg: Postauto 136 ab Frick bis Wittnau, Mitteldorf.

Beste Zeit: Sommerhalbjahr.

Dauer & Strecke: Reine Wanderzeit knapp 2,5 Std., 7,6 km.

Ausrüstung: Wanderschuhe, Picknick.

ÜBER DER STEILWAND

Der Sulzchopf und die Schauenburgfluh bieten Aussichten auf Stadt und Agglomeration. Doch so nah sie auch an den Ballungszentren sind, so weit wähnt man sich davon weg, wenn man durch den Wald geht und der Blick von der Fluh in die Ferne schweift.

#Aussichten #Waldtour #römischesHeiligtum

Spazierwege im Grünen und zahlreiche Ein- und Ausblicke in Feld und Wald.

Wege zum Abgrund: Als Titel für die Eskapade wäre das durchaus genauso passend wie zugleich auch etwas irreführend. Denn ebenso viele Wege, wie zum Abgrund führen, führen natürlich auch von ihm weg. Wo's bergab geht, geht's schließlich auch bergauf. Aber Wege gibt es sowieso zahlreiche auf dieser Tour, denn der Wald zwischen Muttenz und Frenkendorf ist von einem dichten Wegnetz durchzogen. Was nicht heißt, dass es nicht trotzdem zahlreiche lauschige Ecken und verborgene Winkel gibt, wo man keine andere Menschenseele trifft.

Die verschiedenen Abgründe, zu denen die Wege führen, leiten den Blick darüber hinaus in die Weite, und zwar in mehrere Himmelsrichtungen. Die erste davon ist Nordwesten. Nach dem Aufstieg vom Ausgangspunkt Bad Schauenburg um den Galgenstein, durchs Chilchhölzli und um den Stierenwald, sieht man vom Sulzchopf, in 582 Meter Höhe ü. M., nicht nur Muttenz und Basel in der oberrheinischen Tiefebene liegen, sondern blickt bis hinüber zu den Vogesen. Als beliebtes Ausflugsziel reiht sich hier Grillstelle an Grillstelle, doch schon wenige Hundert Meter später ist man wieder ganz allein mit dem Wald und sich.

Keine zwei Kilometer später ist da die Schauenburgfluh, mit Aussicht nach Westen auf den Kantonshauptort Liestal und das Ergolztal hinauf, aber auch weiter nach Norden und Süden. Hier vorne auf der Fluh gab es einst in gallorömischer Zeit einen Tempel, der in direktem Sichtkontakt mit dem Schönbühltempel von Augusta Raurica stand. Vom Höhenheiligtum sind allerdings nur noch ein paar Grundmauerreste übrig. Ein Teil davon dürfte zudem bei einem Felsabbruch in die Tiefe gestürzt sein.

Auch im Mittelalter gab es Bautätigkeit in der Nähe: Alt-Schauenburg. Erbaut um 1275, war der Burg nur ein kurzes Dasein beschieden, denn sie wurde beim Basler Erdbeben 1356 bereits wieder zerstört. Vor der Rückkehr zum Ausgangspunkt der Wanderung geht's noch

Hoch über Muttenz blickt man vom Sulzchopf nach Basel oder auch mal spektakulär steil bergab wie an den zahlreichen Felswänden rund um die Schauenburgfluh.

am Felsenheim vorbei, einem wilden Stück Wald mit viel Totholz, überstreut mit bemoosten Felsblöcken, die von einem Bergsturz stammen. Hier kann zwar nicht mehr der Blick in die Ferne und die Abgründe schweifen, wohl aber die Fantasie, wessen Heim hier wohl auch noch sein dürfte und was alles in nebligen Nächten zwischen dem Geröll herumtanzen könnte.

Hin & weg: Zum Ausgangspunkt Bad Schauenburg gibt es keine ÖV-Verbindung. Mit dem Auto von Liestal durchs Röserental Richtung Arlesheim.

Beste Zeit: Im Sommerhalbjahr.

Dauer & Strecke: Reine Wanderzeit gut 2 Std., 6,8 km.

Ausrüstung: Festes Schuhwerk und was für zwischen die Zähne. Zudem etwas Geld für ein Abschlussgetränk im Ausflugsrestaurant Zum Schauenegg bei Bad Schauenburg.

FAZIT: RUNDWANDERUNG MIT BLICKEN AUS DEM WALD UND VON DEN FELSEN HINUNTER AUF DIE AGGLOMERATION.

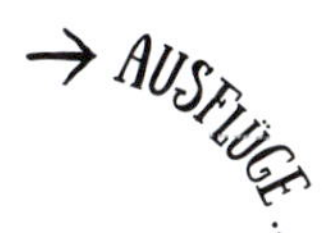

AUF DEM KESSELRAND

Im wenig bekannten äußersten Thierstein lädt die geologische Wanderung dazu ein, den Jura von seiner steinernen Seite kennenzulernen. Sowohl thematisch als auch landschaftlich eine abwechslungsreiche Sache!

#steinreich #Versteinerungensuchen #wandernüberBergundTal

Das Dorf Bärschwil liegt idyllisch zwischen Jurabergen.

Wann ist der Faltenjura entstanden? Was tat man früher, um Gips abzubauen und Kalk zu brennen? Und wie fühlt es sich an, auf ehemaligem Meeresgrund und Korallenriffen zu wandeln? Auf der geologischen Wanderung zeigt der Solothurner Jura sich von seiner steinigen Seite, von seiner anstrengenden, aber auch von seiner schönen.

Die Tour beginnt am Hölzlirank und führt im Gegenuhrzeigersinn um Bärschwil. Insgesamt 15 Tafeln am Weg erzählen von den Geheimnissen der verschiedenen Gesteinsschichten, wie eine Versteinerung entsteht oder weshalb Gipskeuper für Tunnelbauer auch heute noch ein Albtraum ist. Nach einem Aufstieg zuerst im Wald und später über Juraweiden pendelt sich die Höhe des Panoramawegs ungefähr zwischen 750 und 800 m ü. M. ein. Ein wenig fühlt man sich, als würde man auf dem Rand eines riesenhaften Kessels entlangbalancieren, und der Blick über die Landschaft ist höchst attraktiv. Übrigens: Auf der Südseite der Krete, die die Tour rechte Hand begleitet, befindet sich bereits die französischsprachige Schweiz (Durchblick ins Val Terbi nach dem Hof Ober Fringeli). Die Wanderung ist abwechslungsreich. Und wo das Gestein offen daliegt, kann man sogar selber sein Glück versuchen und nach Ammoniten und anderen Versteinerungen graben.

Nach dem Abstieg und dem Besuch des Dorfs Bärschwil geht's ins enge Tal des Modlenbachs, das teilweise an einen Canyon erinnert. Hier steht noch die sogenannte Rote Brücke neben der Kantonsstrasse: Bis zur Mitte des 20. Jahrhunderts wurde mit dem »Gipsbähnli« der geförderte Gips über diese Brücke zur Bahnlinie geschafft.

Auf der geologischen Wanderung geht's sowohl hoch hinaus als auch in die Tiefe.

Ein Abstecher wenig später führt nicht nur zu den Kalköfen Stritteren, sondern auch an einen lauschigen Weiher, wo sich eine letzte Rast anbietet. Am Ende der geologischen Wanderung, angekommen vorne an der Birs, raucht vielleicht der Kopf von den vielen interessanten Informationen rund um die Geologie, und die Füße tun's auch ein bisschen. Aber was ist das schon im Vergleich zu all dem, was ein Stein im Lauf der Jahrmillionen so erlebt!

Hin & weg: Postauto 114 ab Laufen bis Bärschwil, Hölzlirank. Zurück mit dem Postauto 118 ab Bärschwil, Station.

Beste Zeit: Zwischen Frühling und Herbst.

Dauer & Strecke: Reine Wanderzeit knapp 4,5 Std., circa 14 km.

Ausrüstung: Festes Schuhwerk und Picknick.

FAZIT: TOLLE TAGESWANDERUNG FÜR WISSBEGIERIGE, DIE EIN WENIG BEGANGENES GEBIET KENNENLERNEN WOLLEN.

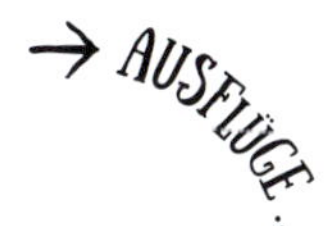

SPUREN ALTER NUTZUNG

… Gipsgrube und Bergmatten bei Zeglingen

Früher, bevor die Pendlerströme zweimal täglich zwischen Zentren und Umland flossen, arbeiteten die Leute da, wo sie wohnten. Zum Beispiel in der Landwirtschaft oder in Gipsgruben. Die Spuren dieser vergangenen Zeiten sind noch da, und man kann ihnen auf einer Wanderung hinter Zeglingen folgen.

#RückeroberungdurchdieNatur #vergangeneZeiten #früherwarallesanders

In der ehemaligen Gipsgrube hinter Zeglingen blüht die Natur auf. Wo früher Gestein abgebaut wurde, kann man heute spannende Tierbeobachtungen machen.

Eigentlich ist die Wanderung durch die Gipsgrube und über die Bergmatte von Zeglingen ein Trip mit der Zeitmaschine – und das ganz ohne Science-Fiction. Alles, was es braucht, sind ein Ticket zur Postauto-Endstation und gute Schuhe. Denn hinter Zeglingen wird der Faltenjura, der als Riegel zwischen der Nordwestschweiz und dem Mittelland steht, steil und steinig.

Aus dem Dorf hinaus geht es zuerst zur ehemaligen Gipsgrube Weissbrunn, aus deren Gestein während Jahrhunderten Baumaterial gewonnen wurde. Aus jener Zeit zwischen 1910 und 1983, als hier noch die Gesteinsbrocken gesprengt, abgebaut und mit einer Materialseilbahn in offenen Schalen zum Gipswerk im sechs Kilometer entfernten Läufelfingen transportiert wurden, ist noch ein Mast erhalten geblieben. Er ist ein stiller Zeuge von ehemaligem Pioniergeist, allerdings etwas in den Bäumen verborgen.

Heute steht der Steinbruch, dessen Gipsvorkommen noch vor dem Ende des 20. Jahrhunderts erschöpft war, unter Naturschutz und bietet vielen seltenen Pflanzen, Insekten oder Amphibien einen Lebensraum wie etwa der Gelbbauchunke. Sogar russische Bären gibt es da! Aber bewaffnen muss man sich deswegen nicht, denn es sind nicht solche mit scharfen Zähnen und großen Pranken, sondern Schmetterlinge mit filigranen schwarz-rot-weiß gemusterten Flügeln und einem Rüssel zum Nektartrinken.

Danach geht's steil den Wald hinauf und an der Zeglinger Skihütte vorbei – ja, hier ist im Winter bei geeigneten Schneeverhältnissen eine Skipiste geöffnet – zu den Bergmatten.

Begegnungen am Wegesrand: ein russischer Bär mit Flügeln statt Pranken und Schweizer Rinder.

Hier oben findet sich eine einzigartige Ansammlung von Feldscheunen, also kleinen Scheunen aus Holz und Stein, die man in früheren Zeiten dafür benutzte, um fernab des heimischen Gehöfts Heu zu lagern oder Vieh unterzubringen. Die meisten stammen aus dem 18. oder 19. Jahrhundert, als die Bauern ihr Land noch nach dem Prinzip der Dreifelderwirtschaft bestellten. Seit der Mechanisierung der Landwirtschaft nach der Mitte des 20. Jahrhunderts haben die Häuschen ihren wirtschaftlichen Wert verloren, doch als Marke in der Landschaft sind sie noch immer attraktiv - und scheinen jenen, die genau zuhören, von alten, längst vergessenen Zeiten zu erzählen.

Nach einer ausgedehnten Runde durch den Wald führt der Weg zurück nach Zeglingen, zurück ins Jetzt. Und wer noch ein wenig am Geschichtsträchtigen hängt, kann im Gasthof Rössli gleich unterhalb der Postautohaltestelle einkehren. Den gibt es auch schon seit über 200 Jahren.

Hin & weg: Postauto 104 ab Gelterkinden nach Zeglingen, Oberdorf.

Beste Zeit: Um viele Insekten zu beobachten: in der warmen Jahreszeit.

Dauer & Strecke: Reine Wanderzeit 2,5 Std., 9 km.

Ausrüstung: Gute Schuhe, Proviant.

FAZIT: EINE REIZVOLLE WANDERUNG IN DER NATUR UND EINE TOUR FÜR VIELSEITIG INTERESSIERTE.

TEUFLISCH GUT

... Tüfelsschlucht und Allerheiligenberg

Nur 400 Höhenmeter trennen die Hölle – also dort, wo scheinbar der Teufel in der spektakulären Schlucht wohnt – und den Berg der Allerheiligen. Aus der dunklen Erdspalte in den Himmel zu klettern geht am Jurasüdfuß relativ schnell – und wird mit Weitblick bis in die Alpen belohnt.

#auchimSommerkühl #hochhinaus #HimmelundHölle

Ein Fußweg führt in vielen Windungen über Brücken und Stege in die Tüfelsschlucht mit ihren Wasserfällen hinein.

»Die Benutzung des Weges ist immer mit einem großen Risiko verbunden und erfolgt grundsätzlich auf eigene Verantwortung.« So warnen gleich am Eingang die Bürgergemeinde und der Verkehrs- und Verschönerungsverein auf einem großen Schild.

Steinschlag und allerlei andere Unbill können den unschuldigen Wanderer ereilen, der sich in die Tüfelsschlucht am oberen Dorfrand von Hägendorf traut. Aber egal. Ein Höllenritt war noch nie ein Kindergeburtstag. Wer nicht wagt, der nicht gewinnt, und ohne Schutzhelm geht es hinein in die kühle Spalte durch einen der letzten Jurazüge, die sich im Süden am Rand des Mittellands erheben. Und: Der Schein trügt. Zwar finden sich wirklich überall Spuren von Steinschlag und der rohen Gewalt von Fels und Wasser, doch in erster Linie ist die Schlucht mit ihren Steilhängen, Wasserfällen und dem glasklaren, gurgelnden Bach, der den Berg durchschneidet, vor allem eines: spektakulär schön. Mit Moos, Farn und glitzernden Sonnenstrahlen durchs Blätterdach.

Hier bleibt es auch im Sommer kühl und feucht. Fast drei Kilometer Wanderweg, 37 Brücken und Stege und mehr als 500 Meter Metallgeländer führen durch die Kluft, in der man sich ziemlich fern von der Zivilisation fühlt – abgesehen von der Autobahn, die in einer hohen Brücke darüber führt. Doch weil das Wasser zwischen den Felsen seinen eigenen Soundtrack spielt, hört man sogar die 40-Tonner nicht sehr weit.

Der Sage nach kam die Teufelsschlucht zu ihrem Namen, weil sich einmal der Leibhaftige, der mit einer armen Seele in die Hölle fahren wollte, in die Schlucht verirrte. Die Kühle dort tat es ihm so an, dass er bald mit einer ganzen Rotte von Kameraden zurückkam. »Die sy dure Bach pflotsched, unger d Wasserfäll gstange, i dene Glungge, Seeli und Wejerli umepfodled und drooled. Und gfluecht und haupeetered hei si derzue vor Freud, ass s Harz us de Tanne tribe hed.« (Ausschnitt aus: Elisabeth Pfluger: »Solothurner Geistersagen«, Aare Verlag Solothurn, 1986)

Erst ein Kapuziner aus dem Kloster Olten konnte dem Unwesen ein Ende setzen – und so ist der Durchgang heute glücklicherweise für Normalsterbliche möglich und (siehe Anfang) zwar risikoreich, aber in der Regel nicht lebensgefährlich.

Weiter oben in der oberen Schlucht trifft man sogar auf Felsmalereien, deren historische Authentizität allerdings angezweifelt werden darf. Und wer aus dem Wald kommt und dort auch noch unbeschadet an den Mutterkühen vorbeikommt und die sengende Sonne überlebt, wähnt sich spätestens bei einem kühlen Getränk im Bergrestaurant Allerheiligen im

Zu Beginn und zum Schluss der Eskapade geht's durch die kühle Schlucht. Hier kann man sich lebhaft vorstellen, weshalb die Menschen diesem Ort den Namen Tüfelsschlucht gaben.

Himmel. An klaren Tagen schweift der Blick vom Allerheiligenberg bis zu den Alpen. So schnell kann es gehen von des Teufels Küche ins Paradies!

Anschließend führt der Rückweg – je nach Weidesituation – an Kühen vorbei und durch den Wald, wo das penetrante Rauschen der Autobahn zurück ist, und am Weiler Gnöd vorbei zurück in die Schlucht.

Hin & weg: Zug via Olten zum Bahnhof Hägendorf.

Beste Zeit: In der warmen Jahreszeit. Bei Regen, Schnee, Frost oder Tauwetter ist die Wanderung nicht empfehlenswert, da der Steinschlag dann noch aktiver ist als sonst.

Dauer & Strecke: Reine Wanderzeit knapp 3 Std., 8,2 km.

Ausrüstung: Gute Schuhe, Picknick.

FAZIT: EINE SPEKTAKULÄRE SCHLUCHTWANDERUNG VON GANZ UNTEN BIS HOCH HINAUS – EINE TEUFLISCH SCHÖNE TOUR.

KUNST IM WALD

... auf dem Holzweg im Naturpark Thal

Zwischen Balsthal und Holderbank lässt sich der nachwachsende Rohstoff Holz auf vielfältige Art erleben: als Installation, als Kunst, als Spielgerät, als Heizmittel für die Wurst ... Ein Erlebnis, das nicht nur die Füße aktiviert, sondern auch den Kopf, die Hände und das Herz.

#StolzaufHolz #Waldspaziergang #spielerischentdecken

Neu Falkenstein thront als spektakuläre Ruine hoch über St. Wolfgang.

»Du bist auf dem Holzweg!« Was sonst als sprichwörtliche Warnung zu verstehen ist, dass man auf dem falschen Weg unterwegs ist und bald wird umdrehen müssen, hat im Naturpark Thal eine andere Bedeutung. Denn da gibt es den Holzweg wirklich. Und die Leute begeben sich sogar freiwillig darauf, um das Holz als Naturprodukt sowohl auf künstlerische als auch auf spielerische Weise kennenzulernen.

Der Holzweg beginnt nach einem Spaziergang durch das Dorf Balsthal und einem steilen Aufstieg zur Ruine Neu Falkenstein, die wie eine Bilderbuch-Ritterburg hoch über dem Bezirkshauptort thront. 80 Höhenmeter auf 300 Metern, dann bietet sich eine eindrückliche Aussicht sowohl auf die Ebene von Balsthal als auch ins Guldental und auf die Juraberge auf der anderen Seite.

Der Holzweg wurde von holzverarbeitenden Unternehmen im Naturpark Thal initiiert: Schreinereien, Zimmereien und Holzbauer entwickelten gemeinsam mit einem Künstler das Konzept. Dank Sammy Deichmanns Installationen aus – natürlich! – Holz warten unerwartete Einblicke in die Natur und neue Ausblicke auf die lokale Landschaft. Da lassen etwa plötzlich chinesisch anmutende Tore den Wald etwas exotischer wirken. Oder aus Tausenden Holzplättchen gefertigte, mehrere Meter hohe Kugeln erinnern an Dinosauriereier. Weitere Werke schweben über dem Weg. Was sind es – Vogelnester? Ufos? Jedenfalls: Die Fantasie hat einiges zu tun auf dem Holzweg. Und verschiedene Klanginstallationen entlocken dem Holz nicht nur hölzerne, sondern geradezu sphärische Klänge. Fast zwei Dutzend Installationen insgesamt sind in die Landschaft eingebettet.

Holz kann auf dem Holzweg auf abwechslungsreiche Art entdeckt werden.

Ein Highlight für Kinder ist der Waldspielplatz mit schaukelnden Hängebrücken und schwebenden Seilen, wo es auch Grillmöglichkeiten gibt und eine überdimensionale Liegefläche aus Holz. Auf dem Rückweg nach Balsthal geht es ein Stück über die holprige ehemalige Passstraße, die einst zum Oberen Hauenstein führte. Hier soll übrigens schon Napoleon persönlich durchgereist sein. Er war zu dieser Zeit allerdings nicht auf dem Holzweg, sondern ritt noch von Sieg zu Sieg.

FAZIT: INTERESSANTER TAGESAUSFLUG IN DER NATUR MIT VIELEN SPIELERISCHEN ANNÄHERUNGEN AN DEN ROHSTOFF HOLZ.

Hin & weg: Via Olten und Oensingen nach Balsthal (OeBB).

Beste Zeit: Von März bis Oktober.

Dauer & Strecke: Reine Wanderzeit gut 2 Std., 7,7 km.

Ausrüstung: Gute Schuhe. Wurst, um sie am Grillplatz zu bräteln (Holz ist vorhanden).

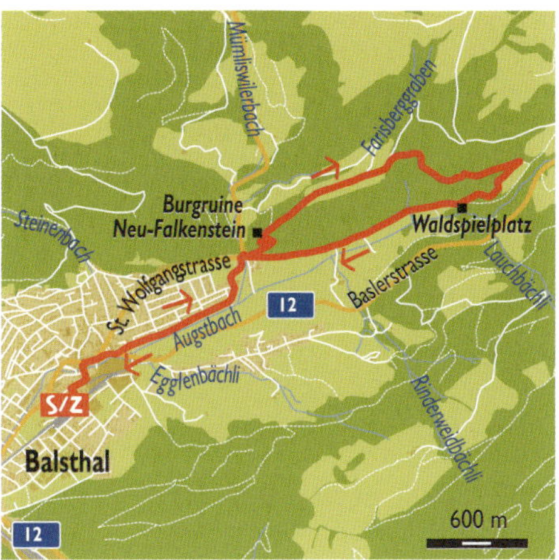

AUF NACH ROM

... in Augusta Raurica

Theater, Amphitheater, Tempel oder Badeanlage: Alles, was der Römer von Welt so brauchte, findet sich auch heute noch in Augusta Raurica. Mit einem gar modernen Gefährt – dem Velo – lässt sich die Römerstadt am besten erkunden.

#alleWegeführennachRom #perVelozudenRömern #venividivici

Römische Figuren beleben Augusta Raurica.

»Die spinnen, die Römer!« Was Asterix und Obelix schon wussten, muss beim Besuch der Römerstadt Augusta Raurica revidiert werden: Sie hatten ganz schön schon was drauf, die Römer, die hier am Rande des römischen Imperiums vor fast 2000 Jahren eine Stadt aus dem Boden stampften.

Eine gute Methode, Augusta Raurica in der Neuzeit zu erkunden, ist per Velo, denn immerhin liegen die römischen Sehenswürdigkeiten zum Teil eine ganze Strecke weit auseinander (kein Wunder, denn es handelte sich um eine für damalige Zeiten große Stadt, welche in ihrer Blütezeit rund 15 000 Einwohner gehabt haben dürfte).

Ein Juwel, das gleich nach der Ankunft über den Veloweg Rhein-Route 2 in Augst fast automatisch angefahren wird, ist das Theater. In

Egal ob Theater (oben) oder Kloake (unten): Die Römer wussten, wie man baute.

den restaurierten Ruinen finden noch heute 2000 Besucher Platz, während es zu Römerzeiten etwa 10 000 waren. Nicht weit vom Theater, dem gegenüberliegenden Tempel und dem Römermuseum entfernt, findet sich eine ehemalige Badeanlage mit unterirdischem Brunnenhaus, das erst im Jahr 1998 durch Zufall entdeckt wurde. Ebenfalls mit Wasser und dem Untergrund zu tun hat die Kloake, die rund einen halben Kilometer entfernt unter einem Feld verborgen liegt. Tönt unappetitlich, ist aber seit dem Altertum stillgelegt und stinkt darum längst nicht mehr. Und eigentlich handelt es sich ja sowieso nur um den gemauerten Abwasserkanal der Zentralthermen, den man durchschreiten kann und durch dessen abenteuerliche Enge – Achtung: Kopf einziehen! – man nach knapp 100 Metern wieder ans Tageslicht gelangt.

Weiter verstreut auf dem ehemaligen Stadtgebiet von Augusta Raurica finden sich in den heutigen Dörfern Augst und Kaiseraugst viele weitere römische Hinterlassenschaften. Zum Beispiel der römische Haustierpark, der alte Gänse-, Schaf- und Schweinearten der Stiftung Pro Specie Rara beherbergt. Oder ein

Da die verschiedenen Sehenswürdigkeiten der ehemaligen Römerstadt zum Teil weit auseinander liegen, bietet sich ein Besuch per Velo an.

Teil der Kastellmauer in der Nähe einer heutigen Primarschule. Oder das große Amphitheater unweit der Autobahn, das man durch das »Tor des Todes« betritt und in dem früher Tierhatzen, Gladiatorenkämpfe und Hinrichtungen gezeigt wurden (bei freiem Eintritt damals wie heute). Oder das Heiligtum in der Grienmatt mit Mauer- und Säulenresten mitten in der Landwirtschaft, dessen genaues Aussehen nicht bekannt ist und das wahrscheinlich mehreren Heilgöttern geweiht war.

Auf dem ganzen Areal der ehemaligen Stadt erleichtern Wegweiser die Orientierung, und 3-D-Guckkästen helfen dabei, ins Altertum abzutauchen. Wer hier keinen spannenden Tag verbringen kann, von dem würden Asterix und Obelix wohl sagen: Der spinnt.

FAZIT: VIELE RESTE RÖMISCHER KULTUR ZUM ENTDECKEN, VERBUNDEN MIT EINER VELOTOUR – EIN GELUNGENER MIX AUS GESTERN UND HEUTE.

Hin & weg: Per Velo auf der Radroute 2 nach Augst oder alternativ mit dem Zug nach Kaiseraugst. Von da dann zu Fuss zum Theater (Wegweiser)

Beste Zeit: Sommerhalbjahr.

Dauer & Strecke: Von Basel nach Augst sind es circa 14 km. Mit An- und Abreise sollte ein Tag eingerechnet werden, damit man in Augusta Raurica genug Zeit zum Schauen hat.

Ausrüstung: Smartphone, um mit der entsprechenden App Unsichtbares sichtbar zu machen. Weitere Infos unter www.augustaraurica.ch

---

AUF LEISEN SOHLEN

… Lamatrekking im Guldental

#40

Ein Spaziergang mit Lamas durchs solothurnische Guldental macht die schöne Faltenjura-Landschaft noch bezaubernder. Wer Tiere liebt, sollte sich die Bekanntschaft mit den Neuwelt-kameliden nicht entgehen lassen. Aber Achtung: Man könnte sich verlieben.

#cooleTiere #einHauchvonAnden #verliebtineinLama

Spazieren mit Lama macht schlicht und einfach Spaß.

Lamas spucken nicht. Also im Normalfall. Höchstens, um untereinander die Rangordnung auszumachen – und wenn da halt ein Mensch im Weg steht, tja ... Aber Angst vor ihrer Spucke braucht man keine zu haben. Denn Lamas sind sehr sanftmütige Tiere, und schon beim ersten Blick versteht man, warum die Familie Kohler den südamerikanischen Kamelverwandten verfallen ist: Sie sind einfach toll.

Dabei haben Jacqueline und Christoph Kohler auf dem Aussenhof Lindenmatt weit oberhalb von Mümliswil nicht nur Lamas, sondern auch Esel, Kaninchen und gegen 60 Katzen. Aber mit den Lamas bieten sie Trekking an.

Nach dem ersten Kennenlernen geht's los. Die muntere Truppe aus menschlichen und tierischen Wandergesellen führt der Lamahengst Pizarro an, der Stammvater der Familie. Dahinter folgen Diego, Juno, Nubio, Nuri, Santos und Vulkan mit ihren zweibeinigen Begleitern.

Übrigens: Lamas sind kitzlig. Und wenn sie etwas nicht kennen, stoßen sie Warnrufe aus, sind ansonsten aber sehr neugierig. Da sie im Gegensatz zu vielen anderen Pflanzenfressern keinen ausgeprägten Fluchtreflex haben, werden sie sogar manchmal als Herdenschutztiere für Schafherden verwendet.

Mit einem Lama zu spazieren lässt sich nicht beschreiben. Ein Lama zu führen ist etwas ganz anderes, als beispielsweise mit einem Pferd unterwegs zu sein. Denn der Hals des Lamas ist so lang und biegsam, dass man nie ganz sicher sein kann, wo der Körper dahinter eigentlich folgt. Die Schritte der Schwielen-

Beim Lamatrekking im Guldental kommen auch die kulinarischen Aspekte nicht zu kurz.

sohler – so die offizielle Bezeichnung jener biologischen Unterordnung, zu der die Lamas als Angehörige der Kamelfamilie gehören – sind sanft und tönen ein wenig wie das Tappen von Kleinkindern in Krabbelschuhen. Irgendwie wird man eins mit dem Tier, bei dem alle Sinne sind und mit dem gemeinsam sich die Juraketten plötzlich ein wenig wie Andenberge anfühlen…

Nach der Tour gibt es noch herzliche südamerikanische – äh, Guldentaler – Gastfreundschaft: Man sitzt zusammen am Tisch und isst, während die Lamas sich wieder auf ihrer Weide verköstigen und der Mond als blutrote Scheibe hinter dem Chirsihofberg aufgeht.

Es gibt übrigens eine Weisheit, die besagt, man solle einem Lama nie in die Augen schauen. Sonst werde man sich in das Tier verlieben. Also: Es soll niemand sagen, er sei nicht gewarnt worden!

Hin & weg: Die Lindenmatt bei Mümliswil ist nur mit dem Auto erreichbar. Von Basel aus via Autobahn A3/A1 oder Oberer Hauenstein.

Beste Zeit: Nicht unter praller Sonne bei 35 °C, das mögen Lamas nicht. Aber sonst geht eigentlich alles.

Dauer & Strecke: Kann individuell vereinbart werden, je nach Wetter und Wünschen. Kontakt: Christoph Kohler, Tel. 079 6870824.

Ausrüstung: Gute Schuhe und ein offenes Herz.

FAZIT: LAMATREKKINGS SIND BELIEBT. WER IN MÜMLISWIL MIT NUBIO, SANTOS & CO. LOSZIEHT, WEIß DANACH, WARUM!

HERBST-ZAUBER IM OUTBACK

Wenn der Herbst sich von seiner besten Seite zeigt, ist es Zeit für eine ausgedehnte Wanderung durch den Faltenjura. Die Welt liegt farbig zu Füßen, und auf der Ulmethöchi können Wandervögel sogar Zugvögel daten. Wer hat denn schon mal einen lebendigen Wildvogel aus nächster Nähe anschauen können? Eben.

#OrnithologiezumAnfassen #BuntsindschondieWälder #HalloAlpenpanorama

Wer steiniges Gelände nicht scheut, wird mit einer wunderbaren Landschaft belohnt.

Die Tageswanderung vom kleinen Baselbieter Dorf Lauwil auf den historischen Jurapass Passwang entfaltet besonders im Herbst ihren Reiz. Dies hat neben den prallen Farben der Blätter vor allem einen Grund: die Ulmethöchi. Auf diesem Geländesattel im Outback des Juras widmen sich seit über 50 Jahren Freiwillige den Zugvögeln. Während sechs Wochen im Herbst betreiben sie die Beobachtungs- und Beringungsstation des Basellandschaftlichen Natur- und Vogelschutzverbands, fangen und registrieren vorbeiziehende Vögel und helfen so mit, zumindest einen kleinen Teil des Rätsels Vogelzug zu entschlüsseln.

An sonnigen Herbsttagen kommt es auf der Ulmet regelmäßig zum Stelldichein von Zug- und Wandervögeln, wobei die eine Seite eher unfreiwillig teilnimmt und froh ist, nach ihrer Beringung wieder das Weite, respektive den Süden, suchen zu können. Für die andere Seite ist es eine günstige Gelegenheit, Spannendes aus der Welt der Ornithologie zu erfahren und mit etwas Glück einheimische Vögel von der Blaumeise bis zur Waldohreule oder vom Eichelhäher bis zum Kleinspecht aus nächster Nähe betrachten zu können.

Dann geht's weiter mit dem Aufstieg durch die bunten Wälder und über die abgefressenen Kuhweiden des schroffen Faltenjuras. In einem Hochtal hinter dem Schattberg liegt das Ausflugsrestaurant Vogelberg, und vom höchsten Punkt der Tour auf rund 1200 Metern ü. M. bietet sich eine atemberaubende Aussicht: Vom Passwang aus schweift der Blick über die letzten Juraausläufer und das Mittelland – oder die Hochnebeldecke, die Letzteres bedeckt – bis zum Alpenpanorama. Hier kann man sich kaum sattsehen.

Auf der Ulmethöchi kann man mit etwas Glück Vögel – hier ein Eichelhäher – aus nächster Nähe sehen.

Und wer die Farben der Blätter, den weiten Blick durch die klare Luft und den herben Duft des Waldes auf dieser Eskapade einen Tag lang so richtig genossen hat, weiß auch: Der Herbst ist wohl die am meisten unterschätzte Jahreszeit. Denn wenn der Herbst will, ist er nicht die kühle graue Maus, für die man ihn oft hält, sondern ein veritabler Paradiesvogel mit Federboa.

Hin & weg: Bus 91 ab Reigoldswil nach Lauwil, Dorf. Zurück mit Bus 115 ab Passwang nach Zwingen, danach S-Bahn.

Beste Zeit: Die Station Ulmethöchi ist jeweils ungefähr zwischen Ende September und Anfang November besetzt.

Dauer & Strecke: Reine Wanderzeit rund 3 Std., 8,8 km.

Ausrüstung: Feldstecher, gute Schuhe, genügend Picknick und zu trinken.

FAZIT: VÖGEL BEOBACHTEN UND DIE HERBSTFARBEN ERLEBEN: EINE BUNTE WANDERUNG ZUM PASSWANG.

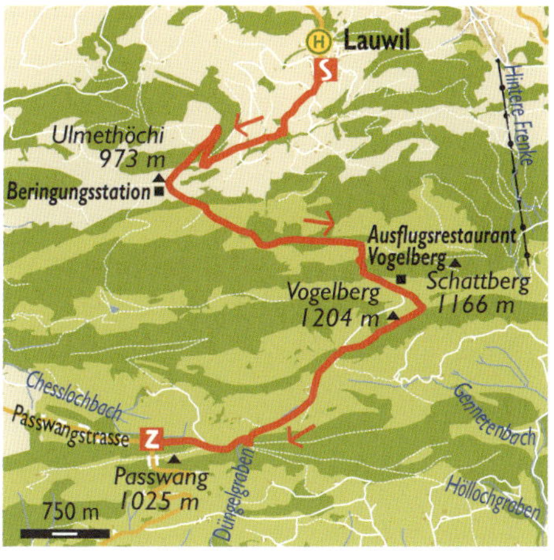

GIPFEL-STÜRMER

... mit Schneeschuhen zum Chellenchöpfli

Wandern wie Yeti und dabei die wunderbare Winterlandschaft genießen. Mit Blick aufs Alpenpanorama und auf großem Fuß – mit Schneeschuhen – geht's über die Jurakreten, und dabei lässt sich beweisen: Schneesport geht auch ohne Hektik.

#Winterwonderland #juheeimSchnee #Schneeschuhlaufen

Weiße Pracht und blauer Himmel. Während sich unten in der Stadt der Schnee – falls er denn überhaupt liegen geblieben ist – schnell in ein schmutzig graues Salzmatschmischmasch verwandelt, heißt es: Schneeschuhe schultern und nichts wie los nach Reigoldswil. Wer seine Kräfte für später aufheben will, kann auch die Luftseilbahn vom Oberbiel hoch zur Bergstation Wasserfallen nehmen – und überwindet so buchstäblich gut 400 Höhenmeter im Schwebezustand –, aber auch der Fußweg auf dem Winterwanderweg hoch zur Wasserfallen lohnt sich. Denn die Bäume stehen im weißen Wintermantel da, und an den Felswänden gibt es zahlreiche Eisskulpturen zu bewundern, entstanden durch das

gefrorene Wasser der namensgebenden Wasserfälle der Hinteren Frenke. Und wen's in den verschneiten Faltenjura zieht, der erwartet ja kein Seniorenfährtchen!

Nach dem steilen Anstieg im Winterwald öffnet sich die weiße Zauberlandschaft auf den Höhen des Faltenjuras. Zeit, die Schneeschuhe zu montieren, und weiter geht's. Ein besonderes Highlight ist die Aussicht vom Chellenchöpfli aus. Die natürliche Aussichtskanzel liegt auf 1157 Metern ü. M. und bietet einen spektakulären Ausblick nach Süden zwischen den letzten Juraketten hindurch über die Klus von Balsthal ins Mittelland und bis zu den Alpen. Oft liegt das Gebiet zwischen Wasserfallen und dem Berner Oberland im Winter unter einer dicken Nebelschicht verborgen, doch jenen, die oben stehen, lacht die Sonne.

Nur neun Höhenmeter höher und 200 Meter weiter befindet sich der höchste Punkt des Kantons Baselland, die Hinderi Egg. Hier versperren allerdings Bäume den Blick übers Nebelmeer in die Ferne.

Nun geht's nur noch bergab, die Anstrengung ist weitgehend vorbei. Eine wohlverdiente Pause in heimeliger Wärme und mit duftenden Kaffee gibt dem erlebnisreichen Tag gleich eine Qualitätsstufe mehr. Auf der Waldweid gibt es sowohl eine Bergwirtschaft (geöffnet Donnerstag bis Montag) als auch die einzige SAC-Hütte des Baselbiets (geöffnet am Wochenende).

Die Rückfahrt mit der Gondelbahn Wasserfallen – der einzigen Luftseilbahn in der Nordwestschweiz – nach den letzten Kilometern Schneeschuhmarsch ist ein Abschluss mit

Wenn der Faltenjura unter einer dicken Schneeschicht verborgen liegt, heißt's nichts wie hin ins Winterwunderland im Süden des Baselbiets.

nochmals wunderbarem Weitblick. Aus der Panoramagondel schweift der Blick über das ganze Baselbiet bis hinüber in den Schwarzwald. Dann geht es, über den weißen Tannenwipfeln dahinschwebend und so ein letztes Mal das WinterWonderland genießend, dem Tal und dem Abend entgegen. Und dem Salzmatschmischmasch. Aber das ist dann gar nicht mehr so wichtig.

Hin & weg: Bus 70 ab Liestal bis Reigoldswil, Dorfplatz. Zurück mit der Luftseilbahn Wasserfallen ab Bergstation nach Reigoldswil.

Beste Zeit: Natürlich bei Schnee.

Dauer & Strecke: Reine Wanderzeit rund 4 Std., 10,4 km. Die Schneeschuhwanderung erfordert gute Kondition.

Ausrüstung: Wander-, Schnee- und Handschuhe, Mütze, Sonnenbrille, ausreichend Wasser und Proviant.

FAZIT: WINTERZAUBER AUF 1000 METERN: UM RICHTIG SCHNEE ZU ERLEBEN, MUSS MAN NICHT EXTRA IN DIE ALPEN FAHREN.

3. KAPITEL MINIURLAUB

36H

Ausspannen, abtauchen, wegdampfen – einfach mal draußen sein und dabei den Alltag für zwei oder mehr wunderbare lange Tage total vergessen.

#43 ... vom Elsass ins Laufental Seite 182

#44 ... im Baselbiet Seite 186

#45 ... am Rhein Seite 190

#46 ... im Kaiserstuhl Seite 194

#47 ... im ehemaligen Kloster Dornach Seite 198

#48 ... rund um Linn im Jurapark Aargau Seite 202

#49 ... unterwegs mit der Kandertalbahn Seite 206

#50 ... zu Bärenhöhle und Wolfsschlucht Seite 210

#51 ... am Wisenberg Seite 214

#52 ... in Langenbruck Seite 218

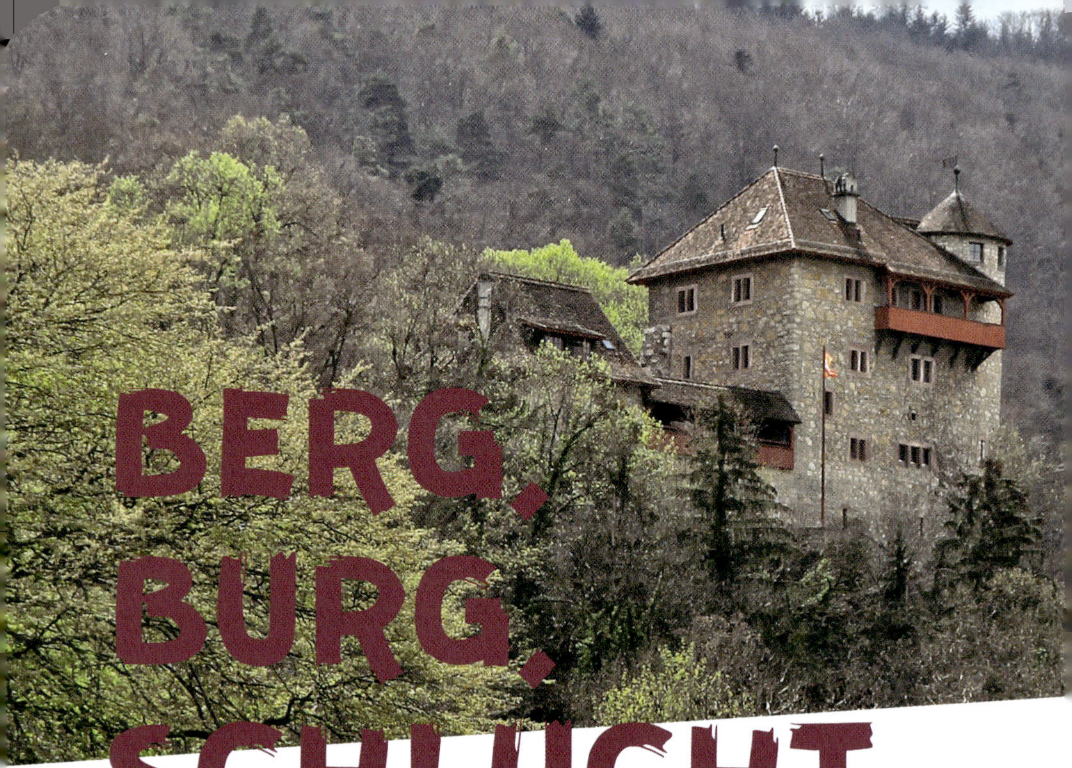

BERG, BURG, SCHLUCHT

... vom Elsass ins Laufental

#43

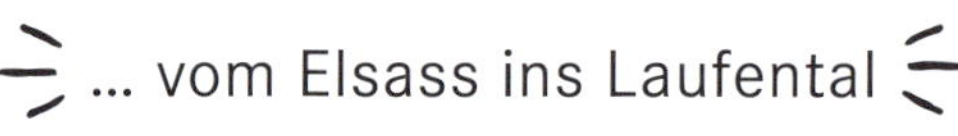

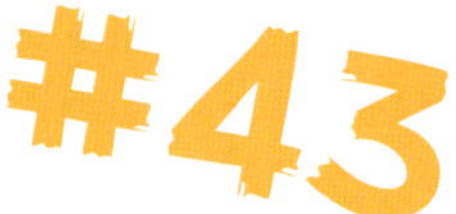

Von Leymen nach Laufen wandern und dabei den Frühling genießen. Bei einer Tour über Berg und Tal und Stock und Stein lässt sich der Wilde Westen der Nordwestschweiz spannend erleben. Übernachtung in der Burg inklusive.

 #GrenzensindzumÜberwindenda #vomElsassinsLaufental #schlafenwieeinePrinzessin

Schluchten, Burgen, Felsen, Wälder: Das ist Jura at its best.

Zweitägige Wanderungen sind für viele unweigerlich mit den Alpen verbunden: Auf schmalen Pfaden über hohe Berge und Pässe, Geröllhalden und vielleicht sogar Schneefelder überqueren, und übernachtet wird im Massenlager einer Berghütte. Warum aber nicht mal einfach über Jurahügel und durch Schluchten wandern, ein Kloster und ein mittelalterliches Städtchen besuchen und zwischendurch auf einer über 500-jährigen Höhenburg residieren?

Diese Eskapade überschreitet im wahrsten Sinne des Wortes Grenzen. Denn sie beginnt im elsässischen Sundgau: Im Grenzort Leymen, der bequem mit der längsten internationalen Tramlinie Europas, der BLT-Linie 10, zu erreichen ist.

Am ersten Tag geht's zum Aufwärmen noch eher gemütlich voran. Vom Leimental erreicht man nach einem Aufstieg die Ruine Landskron (ebenfalls in Frankreich gelegen), und

Blüten, so weit das Auge reicht: Sowohl im Rapsfeld als auch auf den Kirschbäumen grünt und blüht es um die Wette. Rechts im Hintergrund die Ruine Landskron.

weiter geht's über die Landesgrenze in den Kanton Solothurn und nach Mariastein. Dessen Kloster ist der zweitwichtigste Wallfahrtsort der Schweiz und wurde an jener Stelle über einer Felswand errichtet, wo sich vor rund 600 Jahren gleich zwei Wunder ereigneten, bei denen Mutter Maria als Retterin in der Not ihre Finger im Spiel hatte.

Nach dem Besuch in der Gnadengrotte , zu der ein mit Votivtafeln geschmückter Gang führt, geht es weiter zu einem noch älteren Gebäude: der Rotberg. In dieser mittelalterlichen Höhenburg befindet sich heute eine Jugendherberge, und so kann man in einem Rittersaal mit offenem Kamin tafeln und zwischen dicken Mauern schlafen, wie es in früheren Zeiten die Adelsleute taten. Und der Wehrgang bietet eine fantastische Aussicht in die Umgebung.

Durch den Chälengraben geht's bergwärts in Richtung Blauenkamm.

Gestärkt nach ritterlichem Schlaf, wird der zweite Tag ein wenig anstrengender, denn bei Hofstetten wartet der Chälengraben auf seine Eroberung. Diese kleine, aber feine Schlucht ist ein besonderes Bijou, geformt vor zwei Millionen Jahren. Zwischen den hohen Felswänden ist es auch an heißen Tagen angenehm kühl und feucht, und es blüht die Mondviole. Beim Restaurant Bergmatten lässt es sich dann noch etwas Kraft tanken – und mit zwei Kamelen, die hier leben, wähnt man sich plötzlich in einer ganz anderen Klimazone als in der Schlucht – bevor der letzte Aufstieg zum Blauepass ansteht.

Auf gut 800 Metern ü. M. geht es dem Blauenkamm entlang westwärts durch den Wald bis zum Mätzerlechrüz und von da nur noch bergab, über die naturnahe Dittinger Bergmatte und dann die Täler der Schlegelholle und Schachleten hinunter direkt in den Bezirkshauptort Laufen. Hier laden verschiedene Cafés im pittoresken mittelalterlichen »Stedtli« dazu ein, vor dem Gang zum Bahnhof die zurückgelegte grenzüberschreitende Wanderung mit Kaffee und Kuchen nochmals Revue passieren zu lassen. Immerhin sind in den letzten zwei Tagen einige Kalorien gepurzelt, und schließlich ist es verdient!

FAZIT: EINE ZWEITÄGIGE WANDERUNG MIT VIELEN EXTRAS AM WEGRAND UND DEM SPECIAL EFFECT EINER ÜBERNACHTUNG AUF DER BURG.

Hin & weg: Tram 10 bis Leymen, Station. Zurück mit dem Zug ab Laufen.

Beste Zeit: Am schönsten im Frühjahr, wenn die Obstbäume blühen. Aber auch im Herbst reizvoll.

Dauer & Strecke: Reine Wanderzeit total rund 5,5 Std., erster Tag 6 km, zweiter Tag 12 km.

Ausrüstung: Wanderschuhe, Rucksack, Proviant. Personalausweis für Grenzübertritt.

Wenn es Nacht wird: Die Jugendherberge Mariastein auf der Rotberg ist ein ganz besonderes Erlebnis. Wann übernachtet man denn sonst schon auf einer historischen Burg? www.youthhostel.ch, Sucheingabe: Mariastein.

EIN BAD IM BLÜTEN-MEER

... im Baselbiet

Ganz ehrlich: Wo genau man im Frühling die Baselbieter Kirschblüte, den Bluescht, genießt, ist zweitrangig. Wichtig ist allein, dass man es tut. Und dass man sich Zeit dafür nimmt. Für ein Wochenende mit einem Hauch Japan im Oberbaselbiet.

#Blütenmeer #wegvonderStadt #denFrühlingerhaschen

Der Kanton Baselland ist weitherum bekannt für seine Kirschbäume.

Die Zeit des »Chirsibluescht«, der Kirschblüte, ist für viele die schönste Zeit des Jahres. Dann, wenn die Blüten an den Bäumen explodieren und sich ihr Schneeweiß scherenschnittartig von den dunklen Stämmen abhebt, über sattgrüner Wiese mit knallgelbem Löwenzahn und vor quietschblauem Himmel. Das klingt wie Realität gewordene Bilderbuchidylle. Ist es auch. Zumindest fast. Und darüber sollte man nicht lesen, sondern sie erleben. Die Japaner wissen um die Bedeutung der Kirschblüte. In ihrer Tradition O-Hanami feiern sie jedes Frühjahr mit Kirschblütenfesten die Schönheit der Kirschbäume, wenn sie in Blüte stehen, der sogenannten Sakura. Diese hat eine hohe Symbolkraft – sie steht neben der Schönheit auch für Aufbruch und Vergänglichkeit.

Auch im Baselbiet ist die Kirschblüte vergänglich, nicht nur jedes Jahr wieder aufs Neue, sondern auch im Ganzen. Bis zur Mitte des

»Das Ländli isch so fründlich, wenn alles grüent und blüeit«, heißt es im Baselbieterlied. Wie wahr!

20. Jahrhunderts war der Kanton Baselland nämlich von Kirschbäumen geradezu gespickt, und für einen Großteil der bäuerlichen Gesellschaft war die Steinfrucht eine wichtige Einnahmequelle. Doch dann fielen unzählige der stattlichen Hochstammbäume der Mechanisierung der Landwirtschaft zum Opfer, Importe drückten die Preise, und heute verlangt der Handel nach so großen und tadellosen Früchten, dass die alten Sorten keine Chancen mehr haben auf dem freien Markt.

Trotz diesen für die Kirsche wirtschaftlich düsteren Zeiten ist sie die Baselbieter Nationalfrucht schlechthin, und wer den »Bluescht« erlebt und den Frühling auf dem Land mit allen Sinnen einsaugt, weiß, warum.

Die Eskapade durch die »Baselbieter Sakura« kann in Wenslingen beginnen, einem schmucken ehemaligen Bauerndorf im östlichsten Oberbaselbiet. Auch hier hat die Moderne zugeschlagen mit einerseits ganzen Neubauquartieren und andererseits vielen verschwundenen Hochstammbäumen, aber noch immer dominiert das ländliche Flair. Wenslingen liegt auf einer Hochebene – Panoramablick auf die Jurakette inklusive.

Entlang von Feldwegen und zum Teil über Nebenstraßen geht es durch Landwirtschaftsland zum Nachbardorf Zeglingen, an dessen unteren Ende es in einem ehemaligen Badehaus ein Guesthouse gibt. Hier geht der ländliche Charme weiter: Pferde, Garten und der lauschige Wasserfall Giessen in Fußdistanz. Oder wie wär's mit einem Sonnenuntergangsspaziergang mit Fernwehperspektive? Ein guter Ort jedenfalls, um alles Urbane mal abzustreifen und sich auf den Frühling einzu-

Egal ob Morgentau oder Sonnenuntergang: Während des »Blueschte« ist die Natur zu jeder Tageszeit eine Augenweide.

lassen. Blütenpracht auf den Wiesen, Vogelkonzert schon in der Morgendämmerung, Kuhglocken von der Weide und Bärlauchduft vom Bach her. Wer muss denn schon nach Japan für die Sakura?

FAZIT: SICH FÜR ETWAS RICHTIG ZEIT ZU NEHMEN LOHNT SICH. UND DER FRÜHLING HAT STETS EINEN HAUCH MEHR FARBE.

Hin & weg: Postauto 103 bis Wenslingen, Hinterdorf. Zurück mit Postauto 104 ab Zeglingen, Sagi.

Beste Zeit: Die Kirschbäume in Baselland blühen je nach Höhenlage, Wärme und Witterung unterschiedlich, aber immer ungefähr zwischen Ende März und Anfang Mai.

Dauer & Strecke: Reine Wanderzeit von Wenslingen zum Bad rund 1,5 Std., 5,7 km. Mit Abstechern und Momenten des Genießens beliebig.

Ausrüstung: Fotoapparat.

Wenn es Nacht wird: Im historischen Badehaus von Kilchberg, dem kleinsten Dorf des Kantons Baselland, liegt das Guesthouse Bad Kilchberg (www.guesthousebadkilchberg.ch).

BEACH-PARTY

... Campingurlaub am Rhein

Strandferien am Rheinufer sind entspannend und lassen einen runterfahren, schon nur, wenn man die eigenen vier Wände gegen ein Zelt tauscht. Und die Reise zum Campingplatz bei Kaiseraugst kann spielend mit dem Velo hinter sich gebracht werden.

#fastwieFerien #GevatterRhein #ZeltenamFluss

Auf dem Campingplatz stehen Wohnwagen und Zelte einträchtig nebeneinander.

Velo satteln, Zelt einpacken und los. Weil die Strandferien nicht immer gleich in Griffnähe sind, tut es für die kurze Auszeit auch ein gemütlicher Kurzurlaub am guten alten Rhein – zumal dieser, sobald man die Stadt Basel verlässt, sehr schnell sein Gesicht wechselt und vom Fluss im Betonkorsett zum Naturgewässer wird. Mit Bäumen am Ufer und ganzen Wäldern. Weniger urban, mehr so … ruhig halt, cool, meditativ.

Auf dem Rad-Fernweg Rheinroute 2 (in umgekehrter Richtung) geht es stromaufwärts bis nach Kaiseraugst. Nach anderthalb Stunden Fahrt ist das Urlaubsziel bereits erreicht, ohne stressigen Flughafen oder Verspätungen: Der Campingplatz in Kaiseraugst, unmittelbar am Rheinufer gelegen. Nicht weit unterhalb des Campings sorgt das Stauwehr des Kraftwerks Augst dafür, dass das Wasser nur noch gemächliche Fließgeschwindigkeit aufweist. So könnte man fast glauben, man befinde sich an einem See.

Der Rhein zieht Wasserratten magisch an. Wer keine großen Gewässer mag, braucht allerdings auch nicht auf dem Trockenen sitzen zu bleiben, denn im Camping integriert ist auch ein herkömmliches Schwimmbad ohne Naturanschluss, das für Campinggäste zur freien Verfügung steht.

In Kaiseraugst befindet sich neben dem Platz für Zelte auch ein Bereich für Dauercamper. Zu diesen gehören gewissermaßen auch die drei Storchenpaare, die auf den Pappeln des Areals alljährlich ihren Nachwuchs großzie-

Es ist zwar kein Meer und noch nicht mal ein See, aber auch am Rhein kann man mit hundert Prozent Strandfeeling hervorragend die Seele baumeln lassen.

hen. Zusammen mit den Enten und Schwänen auf dem Wasser und dem alten Rheinarm auf deutscher Seite gegenüber sorgen sie für eine natürliche Kulisse – Geklapper inklusive. Doch wen stört's, wenn die Vögel geschäftig sind? Auf dem Campingplatz ist das zum Glück nicht ansteckend! Da lässt es sich vorzüglich in der Sonne oder im Schatten liegen, baden, die untergehende Sonne beobachten, grillen, chillen ... Und dann, wenn die Nacht gekommen ist, sich ins Zelt zurückziehen und die Ohren spitzen, ob der Rhein nachts etwas zu erzählen hat.

Am Morgen dann den Singvögeln lauschen, aus dem Zelt blinzeln und vielleicht gleich als Erstes den großen Zeh in den Rhein halten. Oder gleich ganz in den Fluss steigen. Das belebt, und man fühlt sich wie neu geboren.

FAZIT: MAN MUSS NICHT VIELE KILOMETER ZURÜCKLEGEN, UM ABSTAND ZUM ALLTAG ZU GEWINNEN. TAPETENWECHSEL MIT ERHOLUNGSEFFEKT.

Hin & weg: Mit dem Fahrrad auf dem Radweg Rheinroute 2 bis Kaiseraugst (eine Strecke 16 km). Alternativ mit dem Zug bis Kaiseraugst und von da zu Fuß.

Beste Zeit: Der Campingplatz ist ungefähr zwischen Ende März und Mitte September geöffnet.

Dauer & Strecke: Anreise siehe oben. Wie lange man bleiben möchte, entscheidet jeder selbst.

Ausrüstung: Zelt und Schlafsack, Badezeug.

Wenn es Nacht wird: Camping und Schwimmbad am Rhein, Strandbadweg 1, 4303 Kaiseraugst. Infos unter www.camping-kaiseraugst.ch

---

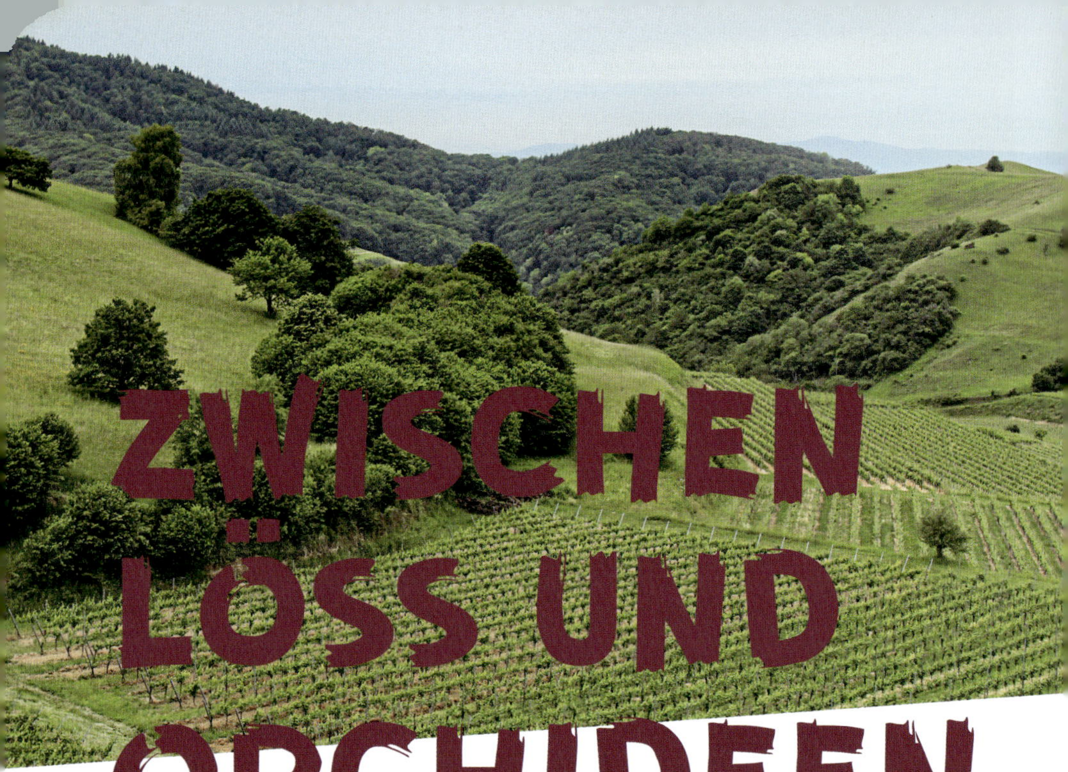

ZWISCHEN LÖSS UND ORCHIDEEN

… unterwegs im Kaiserstuhl

#46

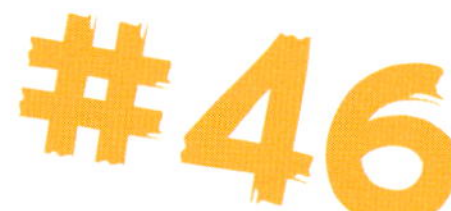

Hier schillern die Vögel, hier wächst der Wein in rauen Mengen: Das Mittelmeer liegt im Norden! Wer über diesen etwas wirr klingenden Satz stolpert, der warte mit Einspruch und fahre zum Kaiserstuhl im deutschen Breisgau.

#Deutschlandmalanders #wildeBlumen #zuGastamVulkan

Das besondere Klima am Kaiserstuhl sorgt für eine farbenprächtige Vegetation.

Denkt man an Deutschland, kommen einem wohl nicht als Erstes exotisch bunte Vögel, farbenprächtige Blumen und sonnenverwöhnte Hügel in den Sinn. Und doch ist es genau das, was diese Eskapade beim nördlichen Nachbarn findet: mediterranes Feeling.

Und zwar im Kaiserstuhl: Das sich aus der Rheinebene erhebende kleine Mittelgebirge ist wärmster Ort in Deutschland, Heimat etlicher sonst eher im Süden lebender Tiere und Pflanzen – und von Basel aus schnell erreichbar. Über ein Dutzend kleiner und ganz kleiner Ortschaften schmiegt sich an die Hänge. Der höchste Berg ist 556 Meter hoch und trägt den etwas irritierenden Namen Totenkopf (ist aber alles sehr friedfertig hier!).

Der Kaiserstuhl hat übrigens auch keinen adligen Ursprung, sondern einen vulkanischen. Obwohl die explosiven Erdaktivitäten schon sehr, sehr lange zurückliegen, hat er seine Einzigartigkeit bewahrt und gilt als eines der bedeutendsten Geotope Deutschlands.

Zahlreiche Wanderwege führen über Blumenwiesen, durch Wald und Rebberge – etwa am Badberg.

Charakteristisch für das Gebiet ist der Lössboden, in dem die Reben wachsen und die Bienenfresser – schillernde Vögel, die sonst mehrheitlich in Südeuropa und Afrika vorkommen – ihre Bruthöhlen graben. Viele weitere Tier- und Vogelarten, die in Mitteleuropa ansonsten selten geworden sind, kann man hier noch treffen – von der Smaragdeidechse bis zum Wiedehopf. In dem trockenen Klima gedeihen aber auch Orchideen hervorragend.

Für eine interessante Freizeitgestaltung draußen bietet der Kaiserstuhl fast schon zu viele Möglichkeiten für einen nur kurzen Miniurlaub.

Hin & weg: Zug bis Freiburg i. Br., von da mit dem Bus weiter bis Altvogtsburg.

Beste Zeit: Für Blumenfreunde Mai bis Juli.

Dauer & Strecke: Das Angebot an Wanderungen im Kaiserstuhl ist vielfältig, da ist für jeden Geschmack was dabei.

Ausrüstung: Rucksack und gute Schuhe, Feldstecher, Euro.

Wenn es Nacht wird: Im Zentrum des Kaiserstuhls, im kleinen Dörfchen Altvogtsburg, liegt beispielsweise der gemütliche Gasthof Rössle. Ein bisschen fühlt man sich hier wie im Krater eines Vulkans, auf jeden Fall aber wie in einem Funkloch: Handystrahlen haben keine Chance gegen die umgebenden Hügel. Gasthof Rössle, Altvogtsburg 9, DE-79235 Vogtsburg. www.roessle-vogtsburg.de

---

Zahlreiche Themenpfade führen kreuz und quer durchs Mittelgebirge und bringen den Wanderern lokale Eigenheiten näher, seien dies nun der Weinanbau, Steinbrüche oder Heilkräuter. Der Kauf einer Ausflugs- und Wanderkarte lohnt sich, und schon kann's losgehen! Ach, übrigens: Auch die badische Küche und die edlen Tropfen, die dem vulkanischen Boden am Kaiserstuhl entspringen, helfen, diese besondere Landschaft zu genießen. Nicht nur mit den Füßen und dem Auge, sondern auch mit Herz und Gaumen.

FAZIT: KAISERSTUHL? GIBT'S ZWAR AUCH ALS AARGAUER STÄDTCHEN, ABER WIR MEINEN DAS MITTELGEBIRGE IN SÜDBADEN. NICHTS WIE HIN!

SCHALT MAL AB!

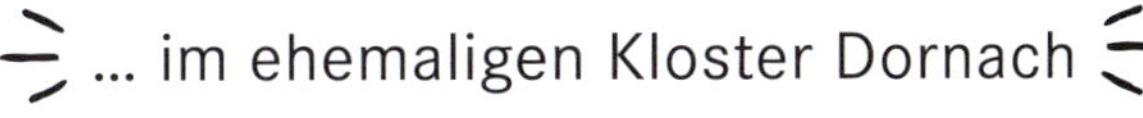

Mehr als drei Jahrhunderte lang beteten und arbeiteten Kapuzinermönche im Kloster Dornach. Heute kann man sich im zum Hotel umgebauten Gebäude eine Zelle mieten, um einfach mal auszuspannen und sich von der Ruhe auf der Zeitinsel erfüllen zu lassen.

#wegvomLärmdesAlltags #ommm #Zeitinsel

Mit viel Liebe zur Botanik wird der Garten des Klosters Dornach gepflegt – und bietet verwunschene Ecken in einer Oase der Stille mitten in der Agglomeration.

Zwar sind die letzten Franziskanermönche, die in Dornach beteten und arbeiteten, seit dem Jahr 1990 ausgezogen. Nur ein paar Kreuze auf den Gräbern früherer Generationen erinnern neben der Klosterkirche an jene Brüder, die in den vergangenen Jahrhunderten ihr Leben Gott widmeten. Heute ist das Kloster Dornach kein rein religiöser Ort mehr, sondern eine Mischung aus Kulinarik, Kultur und Kirche. Was es auch noch ist: eine Oase der Ruhe mitten in der pulsierenden Agglomeration und somit der ideale Ort für eine kleine Auszeit.

Am eindrücklichsten ist die kurze Reise auf diese kleine Zeitinsel per Velo. Von der Basler Breite aus gelangt man in rund einer Stunde zum Ziel, bis Arlesheim sogar auf einem Teilstück der gut ausgeschilderten Velo-Fernroute 23 Basel-Franches-Montagnes. Dann heißt's absteigen und abtauchen in eine andere Welt, die unmittelbar neben dem Bahnhof Dornach-Arlesheim und unmittelbar hinter der Kantonsgrenze zu Solothurn liegt. Das Kloster Dornach steht wie ein Überbleibsel

Ein Wandelgang der besonderen Art spendet Schatten.

aus einer vergangenen Zeit im Zentrum der längst zusammengewachsenen Dörfer Arlesheim und Dornach.

Im Hotel übernachtet man in den ehemaligen Zellen der Mönche, die einfach und funktional eingerichtet und zum Teil noch mit Originalmöbeln bestückt sind. Die Zimmer haben keine Nummern, sondern tragen Namen wie Guardian, Hoffnung oder Fröhlichkeit. Auf den Piktogrammen für die Gemeinschaftstoiletten sind übrigens die einzigen Nonnen zu finden im Kloster, das über 300 Jahre lang ausschließlich Mönchen vorbehalten war.

Angekommen und eingecheckt, muss man hier nun eigentlich nur noch genau eines machen: nichts. Und das tut gut. Der Klostergarten, der von Freiwilligen gepflegt wird, bietet verträumte Orte und verborgene Ecken, in die man sich bestens zurückziehen kann, auch wenn das Restaurant draußen Essen serviert. Und wer sich nicht gänzlich in den Klostergarten verkriechen und die schnöde Welt einfach mal schnöde Welt sein lassen will, kann mit dem Fahrrad oder aber zu Fuß auch die nähere Umgebung erkunden. Hier befindet sich bald das Ende der Agglomeration Basel, und an der Birs (zum Beispiel entlang des Birsuferwegs) lässt sich der Fluss hervorragend erleben. Aber vielleicht ist das alles gar nicht nötig, denn hier ist nur eines wichtig: zur Ruhe kommen.

FAZIT: RUHE UND ECHTE ENTSPANNUNG ZU FINDEN IST MANCHMAL GANZ LEICHT. DAS KLOSTER DORNACH IST EIN GUTER PLATZ DAFÜR.

Hin & weg: Mit dem Fahrrad birsaufwärts bis Dornach. Alternativ mit S-Bahn oder Tram bis Dornach/Arlesheim.

Beste Zeit: Wer den Klostergarten genießen will: April bis September.

Dauer: Nach Belieben. Wer im Kloster angekommen ist, kann das Fahrrad abstellen und braucht keinen Schritt mehr zu tun.

Ausrüstung: Vielleicht ein Buch, das man schon immer mal lesen wollte. Oder einfach auch: nichts.

Wenn es Nacht wird: Hotel Kloster Dornach, Amtshausstrasse 7, 4143 Dornach. www.klosterdornach.ch

---

BESUCH DER ALTEN DAME

... rund um Linn im Jurapark Aargau

Die berühmte Linde von Linn erhebt sich von Weitem sichtbar am Eingang zum Jurapark Aargau. Dieser birgt viel Spannendes an Natur und Kultur und präsentiert den zwischen Zürich und Basel eingeklemmten Durchfahrtskanton von einer eher unbekannten Seite.

#beeindruckenderBaum #Nebenwege #verträumteNatur

→ MINIURLAUB ...

Die mächtige Linner Linde am Bözberg ist die größte lebende Aargauerin und ein beliebter Kraftort.

Die Linde von Linn gehört, so heißt es, zu den ältesten Bäumen der Welt. Ob wahr oder nicht, zweifellos ist sie einer der berühmtesten Bäume der Schweiz, quasi ein helvetisch-botanischer Superstar und unbestritten der größte Baum des Kantons Aargau. Und wäre das nicht genug der Superlative, steht die Linner Linde auch auf einem Akupunkturpunkt und gilt als starker Kraftort. Sie befindet sich am Eingang zum Jurapark Aargau, welcher wie die anderen Regionalen Naturparks der Schweiz zum Ziel hat, die kostbaren

Rund um Linn findet man Natur satt, einen lauschigen Wasserfall, schöne Ausblicke – und immer wieder neugierige Weidetiere, die einen interessiert mustern.

regionalen Natur- und Kulturgüter zu bewahren und aufzuwerten.

Von der Linde aus führt der Natur- und Kulturweg Linn durchs kleine gleichnamige Bauerndorf in die Kulturlandschaft. Es geht durch ein wildromantisches Tal, durch alte Hochstammkulturen, Buchenwälder und lockere Föhrenwälder, welche Spielwiese für Spechte und lichtdurchflutetes Habitat für verschiedene Orchideenarten sind.

Verborgen im Sagibachtal liegt übrigens – Achtung, hier hat der Jurapark Aargau schon wieder Superlative im Ärmel – der höchste Wasserfall des Kantons Aargau, gleich neben einem stillgelegten Steinbruch, dessen Kalkstein beim Bau des Bözberg-Eisenbahntunnels zu Quadern verarbeitet und verbaut wurden. Am Weg finden sich rund ein Dutzend Infotafeln mit Wissenswertem zu Natur und Kultur des Gebiets.

Dem Natur- und Kulturweg Linn kurz untreu zu werden lohnt sich, um der Bruderhöhle einen Besuch abzustatten. Hier sollen der Sage nach früher die »Erdwiibli« und »Erdmänndli« gehaust haben: kleine Wesen, die den Leuten halfen, was sie konnten. Wenigstens so lange, bis sie von allzu neugierigen Menschen vertrieben wurden... Allerdings gab es damals die Autobahn A3 noch nicht, die unten im Tal unüberhörbar den Naturpark durchschneidet. Abgesehen von der neuzeitlichen Geräuschkulisse, ist die Bruderhöhle ein lauschiges Plätzchen; Sitzgarnitur und Grillstelle inklusive.

Außer dem Natur- und Kulturweg Linn bietet der Jurapark Aargau viele andere Wander-

Kleine Verschnaufpause einlegen? Die Bank wartet schon ...

wege und eine Fülle an weiteren Aktivitätsmöglichkeiten rund um Natur, Kultur und Geschichte. Da ist das Krafttanken in einer Baumkapelle ebenso drin wie das Kirschenpfückenhelfen während der Saison beim lokalen Bauern, der Besuch in einem ehemaligen Eisenerzbergwerk oder das Suchen nach Versteinerungen. Nur Langeweile gibt's nicht.

FAZIT: DIE EINDRÜCKLICHE LINNER LINDE IST EINEN BESUCH WERT. IHRE UMGEBUNG ABER AUCH.

Hin & weg: Bus 372 von Brugg bis Bözberg, Linn.

Beste Zeit: Vom Frühjahr bis zum Herbst.

Dauer & Strecke: Reine Wanderzeit gut 2 Std., 8,5 km.

Ausrüstung: Gute Schuhe, Picknick.

Wenn es Nacht wird: Zum Beispiel Übernachtungsmöglichkeit im Bären in Bözen, einem Gasthaus mit über 500-jähriger Geschichte, 5 km von der Linde entfernt. Gasthaus zum Bären, Hauptstr. 44, 5076 Bözen (www.baeren-boezen.ch).

ODE AN DIE ZEIT

... unterwegs mit der Kandertalbahn

Einsteigen, losfahren, runterfahren. Wenn das »Chanderli« durchs Markgräflerland tuckert, fühlt man sich zurückversetzt in eine Zeit, in der die Uhren noch keinen Sekundenzeiger hatten, und vielleicht bleibt die Zeit auch einfach ganz stehen. Welch eine Wohltat.

#Museumsbahn #nurkeineEile #LebenmitDampf

Das Chanderli wird in Haltingen ans andere Ende des Zugs gehängt, ein Rangierverfahren, dem alle gern zusehen.

Es ist eine »preußische T3« aus dem Jahre 1904 – aber »Chanderli« klingt eindeutig passender für die niedliche Dampflok. Denn was man sich so unter preußisch vorstellt, passt irgendwie nicht zu dem Gefährt, das gemütlich durchs Markgräflerland ruckelt. Da erinnert es eher an die Lokomotive Emma aus Michael Endes unverwüstlicher Geschichte »Jim Knopf und Lukas der Lokomotivführer«.

Die Nebenbahn wird von Freiwilligen des Vereins Kandertalbahn e. V. betrieben. Start ist sonntags morgens kurz nach neun Uhr in Kandern, wo der Zug zu Hause ist. Die Waggons, liebevoll wieder hergerichtet, haben offene Plattformen und stammen zumeist von der vorletzten Jahrhundertwende. Es gibt ein Postabteil und einen Waggon für Leute mit schweren Lasten. Auch ein Ofen fährt mit, doch dieser bleibt kalt, denn die Museumsbahn fährt nur noch im Sommerhalbjahr.

Im Barwagen den ersten Kaffee vor der Nase, kann die Fahrt losgehen, durch den Wald und durch schmucke Dörfer, an Höfen und Maisfeldern vorbei, gemächlich das Tal hinunter. 35 Minuten dauert die erste Fahrt auf der 13 Kilometer langen Strecke.

In Haltingen wird das »Chanderli« während seines Rangiermanövers, um ans andere Ende des Zugs zu gelangen, von Groß und Klein

Bei diesen Waggons lassen sich die Fenster noch öffnen ...

interessiert beobachtet und fotografiert. Es kriegt wieder Wasser, Kohle und jede Menge Maschinenöl, um Trieb- und Kuppelstangen, Achslager und alles Weitere, was eine Lok zum Vorwärtskommen so braucht, geschmeidig zu halten.

Seit kurzer Zeit verkehrt der Dampfzug mit neuer Kohle, die einen hohen Schwefel- und Anthrazitanteil aufweist und darum bei Weitem nicht mehr so viel Rauch produziert – zur Freude der Anwohner und zum Leidwesen der Fotografen. Sie wird aus dem britischen Wales bezogen, nicht mehr aus Polen, und ist deutlich teurer.

Doch sonst wirkt alles noch wie früher. Gemütlich macht sich der Zug auf den Rückweg das Kandertal hinauf und hält unterwegs an fünf Bahnhöfchen. Manchmal schaut ein Pferd der Bahn nach, manchmal hebt ein Hund den Kopf, manchmal überholt ein Rennvelofahrer sie und wird an der nächsten Barriere dann doch noch ausgebremst. Viele Leute bleiben stehen und winken. Die Passagiere winken zurück und lassen sich den Fahrtwind um die Nase wehen. Der Zug fährt, die Zeit derweil ist stehen geblieben. Das ist Entschleunigung pur.

Und so soll es auch weitergehen im Miniurlaub im Markgräflerland. Man kann wandern in der hübschen Umgebung. Oder lecker essen in einem der vielen traditionellen Landgasthöfe. Oder schlicht ausspannen und schauen, wie die Mäusebussarde am Himmel kreisen ... Einfach mal »sein«. Man muss ja nicht immer »was tun«.

Die Entschleunigung mit Dampf: Auch Fahrräder dürfen mit.

FAZIT: DIE MUSEUMSBAHN IST EIN MUSS FÜR NOSTALGIEFANS.

Hin & weg: Bus 55 der deutschen SWEG ab Basel Bad. Bahnhof direkt bis Kandern.

Beste Zeit: Sommerhalbjahr. Die Kandertalbahn verkehrt zwischen circa Mai und Oktober jeweils sonntags sowie an einzelnen Feier- und lokalen Festtagen.

Dauer & Strecke: Reine Fahrzeit zwischen 35 und 45 Min., Rest nach Belieben.

Ausrüstung: Geld für die Fahrkarte und sonst einfach nur gute Laune.

Wenn es Nacht wird: Im Töpferstädtchen Kandern gibt es verschiedene Übernachtungsmöglichkeiten, beispielsweise kann man im historischen Gasthaus Zur Weserei, das jetzt als Hotel garni geführt wird, übernachten (www.weserei.de).

WALK ON THE WILD SIDE

… zu Bärenhöhle und Wolfsschlucht

Nicht in die Höhle des Löwen, wohl aber in jene des Bären führt eine Wanderung im solothurnischen Bezirk Thal. Die Bärenhöhle und die benachbarte Wolfsschlucht bieten beide spannende Einblicke ins geologische Innere des Juras – und definitiv in dessen wilde Seite.

#Felsenkathedrale #Felsenschlucht #Wildnispur

Nichts für Ballerinas oder Flipflops: Der Aufstieg zur Bärenhöhle erfordert Trittsicherheit.

Wer oft im Jura unterwegs ist, den hauen Höhlen und Schluchten vielleicht nicht mehr vom Hocker. Doch wenn man Gefahr läuft, alle Wandervorschläge mit »ach, das sieht doch ungefähr wieder gleich aus« zu quittieren, wird es Zeit für Welschenrohr.

Denn die Höhle dort ist viel größer und viel spektakulärer als das, was man sonst so sieht, und die Schlucht ebenso tiefer. Also: auf in die Wildnis, auf zu Bärenhöhle und Wolfsschlucht.

Der Aufstieg von Welschenrohr hat es in sich, und das letzte Teilstück bis zur Bärenloch ist dann nochmals steiler – hier sollten nur Trittsichere unterwegs sein. Aber die Mühen werden belohnt: Die riesenhafte Höhle ist zwar nicht tief, dafür umso höher. Eine wahre Felsenkathedrale, deren karstige Decke zum Teil

Die einzigartigen Kalkbögen und Löcher der Bärenhöhle wurden schon vor Jahrhunderten künstlerisch festgehalten.

durchbrochen ist. Durch eines der Löcher zwischen den eleganten Kalkbogen wächst sogar ein Ahornbaum aus der Höhle hinaus und reckt sich ins Licht.

Die Aussicht aus der Felshalle aufs Thal und die gegenüberliegende Weissensteinkette ist eindrücklich. Schon der Schweizer Vorromantik-Maler Caspar Wolf hat das Naturwunder im Jura übrigens anno 1778 in einem Gemälde verewigt, das den Titel trägt: »Eine Hölle bei Welschen Rohr im Canton Solothurn«.

Über einen steinigen, sonnenverwöhnten Trockenhang geht's dann ostwärts und hinunter in die Tiefe: in die Wolfsschlucht. Hier wächst Moos auf Baumstämmen, und Farn überzieht die Steilhänge. Die Felswände ragen zum Teil praktisch senkrecht über 100 Meter zu beiden Seiten hinauf. In der Schlucht bietet sich ein perfekter Einblick ins Innenleben der Jura-

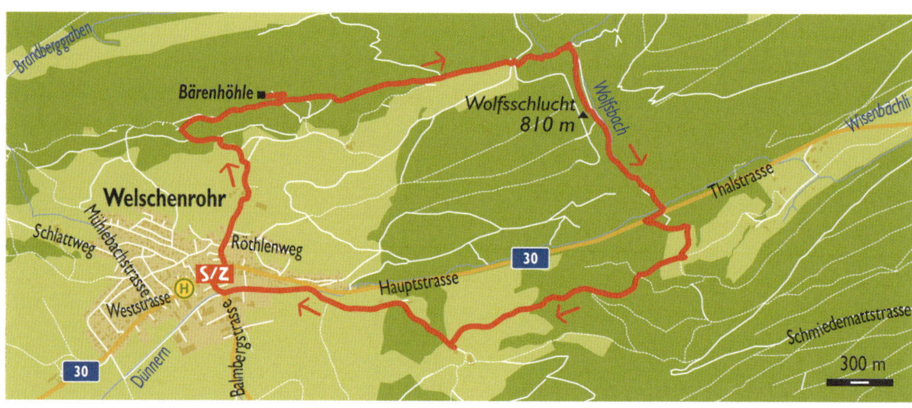

Tannenbestückte Weiden, steile Wälder, Aussicht in die Weite und Abstieg durch die tiefe Schlucht: Bei Welschenrohr gibt es all diese juratypischen Landschaften zu erleben.

faltung, die geologisch gesehen noch relativ jung ist. Die Kalke selber haben zwar schon über 150 Millionen Jahre auf dem Buckel und entstanden aus Ablagerungen des Jurameers, doch erst gegen das Ende der Jurafaltung vor fünf bis sieben Millionen Jahren wurden sie gehoben und überworfen.

Am unteren Ende der Wolfsschlucht wieder ausgespuckt, geht es auf dem Wanderweg südlich der Kantonsstraße schließlich zurück nach Welschenrohr. Wer erwartet, auf dieser Wanderung einen echten Bären oder einen richtigen Wolf zu Gesicht zu bekommen, wird wohl enttäuscht werden. Doch die Wildnis auf dieser Eskapade würde auch ihnen gefallen, und sie würden sich hier richtig wohlfühlen. Garantiert.

FAZIT: PURE NATUR UND NATÜRLICHE WILDNIS – EINE WANDERUNG DURCH DEN RAUEN JURA.

Hin & weg: Bus 129 ab Oensingen bis Welschenrohr, Zentrum.

Beste Zeit: Im Sommerhalbjahr bei trockener Witterung.

Dauer & Strecke: Gehzeit ca. 2,5 Std., 7,5 km.

Ausrüstung: Feste Schuhe mit gutem Profil, Proviant.

Wenn es Nacht wird: In Welschenrohr gibt es zwei traditionelle Landgasthöfe, in denen man hervorragend abschalten kann von der Hektik der Stadt: den Hirschen (Hauptstr. 15) und das Kreuz (Hauptstr. 43, 4716 Welschenrohr, www.gasthof-kreuz.ch).

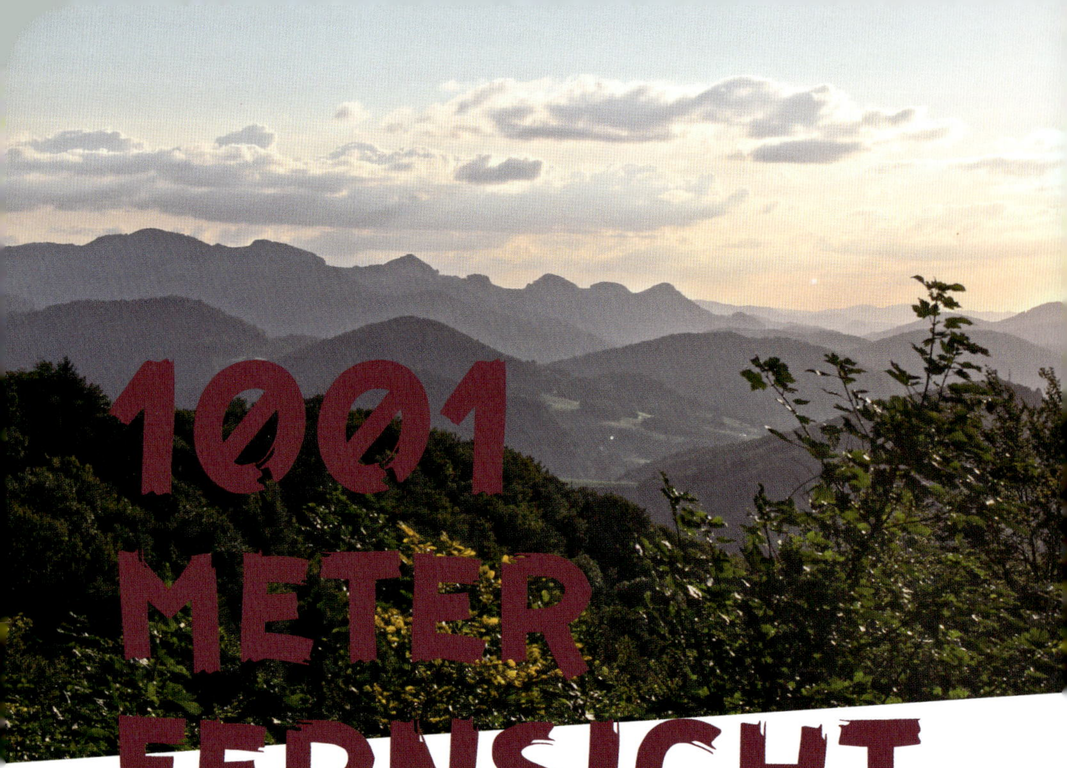

1001 METER FERNSICHT

… am Wisenberg

#51

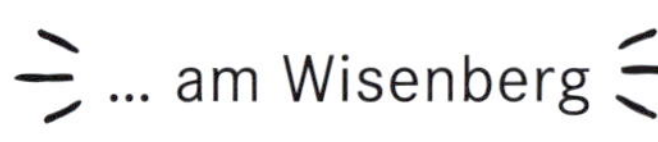

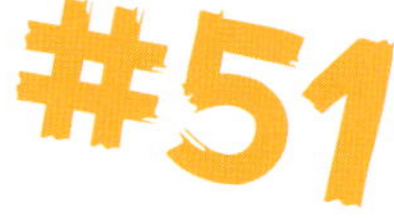

Völlig losgelöst von der Erde – so fühlt man sich beim Genießen des Sonnenuntergangs auf dem Wisenbergturm. Verbunden mit einer Wanderung und dem Aufenthalt im Hotel mit Mineralheilbad ein Kurzurlaub, der einen ganz schnell ganz weit wegträgt von den Alltagssorgen.

#heilendesWasser #hochhinaus #1001Nachtmärchen

Vor dem Quellhotel Bad Ramsach laden Liegestühle zum bequemen Blick über den Tafeljura.

Auf 1001 Metern ist die Welt noch in Ordnung. Dies gilt ganz besonders für den Wisenberg, den östlichsten Eintausender des Juramassivs. Auf dem Aussichtsturm auf seiner Spitze die Sonne zu verabschieden ist ein besonderes Erlebnis.

Als »Basislager« dazu bietet sich das Bad Ramsach an, ehemaliges Kurhaus und heute Quellhotel mit eigenem Hallenbad und Heilwasser (das es nicht nur zum Baden, sondern auch zum Trinken gibt). Die Anfänge des Bades reichen um die 500 Jahre zurück – und anscheinend ging es dabei zuweilen so ausgelassen zu und her, dass Pfarrer und Landvogt wiederholt dafür sorgten, dass das »unmoralische Treiben« am Wisenberg behördlich verboten wurde.

Heute ist das Baden erlaubt, und es wird auch niemand daran gehindert, die charmante Umgebung auszukundschaften. Dazu gehört vor allem der Wisenberg. Ihn zu erklimmen, erfordert ein wenig Kondition, aber die Aus-

sicht, die man schon vom Hotel aus genießen kann, wird mit jedem zunehmenden Höhenmeter noch besser. Der Weg führt durch den Wald und an der sogenannten Tüfelschuchi vorbei, wo der Sage nach der Teufel seine Küche haben soll, weil es an kalten Wintertagen manchmal aus dem Erdinnern dampft. Weiter oben geht's über Magerwiesen, die im Frühjahr und Sommer eine bezaubernde Heimat für Myriaden von Insekten bieten.

Oben auf dem Gipfel steht ein Aussichtsturm mit einzigartigen Fähigkeiten: Er ist nämlich schon mehrmals gewachsen; zusammen mit dem ihn umgebenden Wald. Schon seit Jahrhunderten als Aussichts- und Beobachtungspunkt benutzt, entstand der erste steinerne Wisenbergturm 1927. Höhe: neun Meter. Mittlerweile ist er 24,5 Meter hoch. Ein Blick hoch über die Baumwipfel in einem unverbauten Panorama von 360 Grad entschädigt für allfällige Schweißperlen beim Aufstieg. Ein Sonnenuntergang vom Wisenberg mit dem Blick in sämtliche Himmelsrichtungen, auf die Alpen, Vogesen, den Schwarzwald, den Tafeljura und übers Mittelland, ist ein besonderes Erlebnis – hier kommt man sich vor, als schwebe man über der Erde.

Zurück mit Bodenhaftung, geht es in der Dämmerung respektive Nacht zurück. Auch das ist ein Erlebnis für sich. Denn die Welt ist nachts eine andere. Im Wald sind Geräusche zu hören, die man tagsüber gar nicht wahrnimmt. Ein knackender Ast, der Ruf eines Waldkauzes – und ein Rascheln vermag in der Dunkelheit schon mal anzuschwellen, als stecke eine Rotte Wildschweine im Dickicht, auch wenn es bloß ein Hase ist. Oder eine Erdkröte. Oder ein Mäuschen. Auf jeden Fall hat die Nacht in

Vom Aussichtsturm auf dem Wisenberg bietet sich ein 360-Grad-Panorama bis zu den Alpen, den Vogesen und dem Schwarzwald.

der Natur ihren ganz eigenen Reiz, und dieser kommt noch viel mehr zur Geltung, wenn man die Taschenlampe in der Tasche lässt. Auch das menschliche Auge gewöhnt sich erstaunlich gut an die Dunkelheit, und die anderen Sinne steigern sich zu ungeahnten Höchstleistungen – ein lohnendes Experiment.

Hin & weg: Bus 109 von Rümlingen bis Häfelfingen, Bad Ramsach. Achtung, der Bus fährt unregelmäßig. Ansonsten Spaziergang von Läufelfingen aus oder Auto.

Beste Zeit: Zwischen Mai und September, wenn die Abende lang sind.

Dauer & Strecke: Reine Wanderzeit knapp 2 Std., 5,1 km.

Ausrüstung: Gute Schuhe, Feldstecher, evtl. Taschenlampe für den Rückweg.

Wenn es Nacht wird: Quellhotel Bad Ramsach (www.badramsach.ch).

FAZIT: MINERALHEILBAD, 360-GRAD-PANORAMA VOM BERG UND EIN FINSTERER WALD. DA IST DIE NATUR SEHR, SEHR NAH.

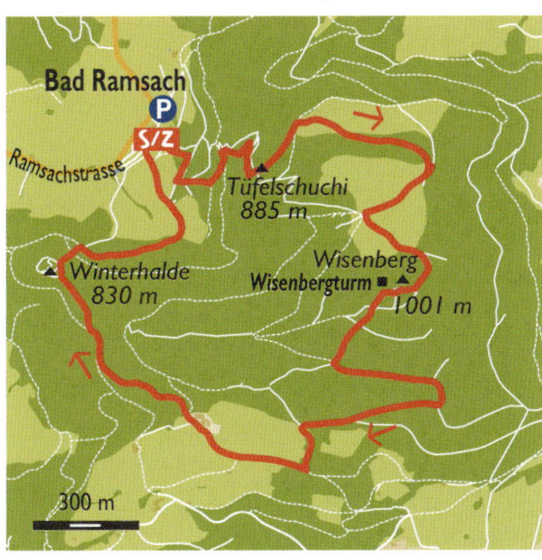

KUNST, SPAß UND NATUR

Früher war Langenbruck ein mondäner Luftkurort. Heute kommt hier keiner mehr her wegen der frischen Luft, aber wer sich für internationale Kunst oder historische Stätten interessiert oder für rodeln oder klettern oder einfach Bock hat auf Land, liegt im höchstgelegenen Dorf des Baselbiets goldrichtig.

#KunstbeimKloster #Spannendesentdecken #BockaufSport

Beim ehemaligen Kloster Schönthal lockt der Skulpturenpark Kunstinterssierte in die Natur.

Ein Ort in der Region Basel, wo man klettern und sommerrodeln und sowohl historische Hohlwege als auch internationale Skulpturen besichtigen kann? Gibt's. Er heißt Langenbruck und nennt sich selbst auch »Top of Baselland«. Was tatsächlich stimmt, allein schon aufgrund der Tatsache, dass Langenbruck nicht nur das südlichste, sondern auch das höchstgelegene Dorf im Kanton Baselland ist. Und es eignet sich gut für einen Wochenendausflug.

Etwas außerhalb des ehemaligen Luftkurorts, dessen mondäne Vergangenheit sich in einzelnen Gebäuden noch widerspiegelt und in dem es sogar einmal eine Skisprungschanze gab, liegt der geschichtsträchtige Weiler Schönthal. Nomen est omen. Hier vereinigen sich Natur, Geschichte und Kunst zu einem Ensemble, und neben dem ehemaligen kleinen Kloster, das allerdings bereits vor über 500 Jahren einem Aufstand zum Opfer fiel, kann man hier Kunst erleben. Im Skulpturenpark »Sculptures at Schoenthal«, der in die Geländekammer eingebettet liegt, können über 30 Skulpturen von schweizerischen und internationalen Künstlern auf einem Rundgang entdeckt werden.

Die Werke sind aus Stein, Bronze oder Chromstahl, aber ebenso aus Wildschweinzähnen, Gips oder verkohltem Holz. Kunst kennt keine Grenzen.

Und am nächsten Tag? Zum Beispiel rodeln auf der einzigen sonnenbetriebenen Solar-

Eine Fahrt auf der sonnenbetriebenen Sommerrodelbahn macht Spaß!

bobbahn der Welt. Oder klettern im Park gleich nebenan. Oder ein Besuch der sogenannten Römerstraße oberhalb des Oberen Hauensteinpasses, die zwar nach neusten archäologischen Erkenntnissen doch nicht von den Römern stammt – aber es beeindruckt dennoch, wie sie vor Jahrhunderten in den Fels gehauen wurde. Oder eine Wanderung zur sagenumwobenen Ankenballenfluh oder den Schützengräben der Fortifikation Hauenstein aus dem Ersten Weltkrieg oder, oder, oder.

Ach, vielleicht war das mit dem Wochenende doch keine so gute Idee: Man müsste nämlich mehr Zeit haben.

FAZIT: EGAL OB KUNST, SPORT ODER WANDERUNG ZU GESCHICHTSTRÄCHTIGEN ORTEN – LANGENBRUCK HAT VIEL ZU BIETEN.

Hin & weg: Postauto 94 von Waldenburg nach Langenbruck, Dorf. Der Weiler Schönthal ist allerdings per ÖV nicht erreichbar.

Beste Zeit: Im Frühling oder Herbst.

Dauer & Strecke: Je nach Belieben oder was einen am meisten Spaß macht.

Ausrüstung: Neugier und Spontaneität.

Wenn es Nacht wird: Verschiedene Unterkünfte stehen in Langenbruck zur Verfügung, zum Beispiel das B&B auf dem Bauernhof Spittel (www.gast-hof-spittel.ch) oder das Jugendstilhotel Erica (www.hotelerica.org).

SONST NOCH WICHTIG

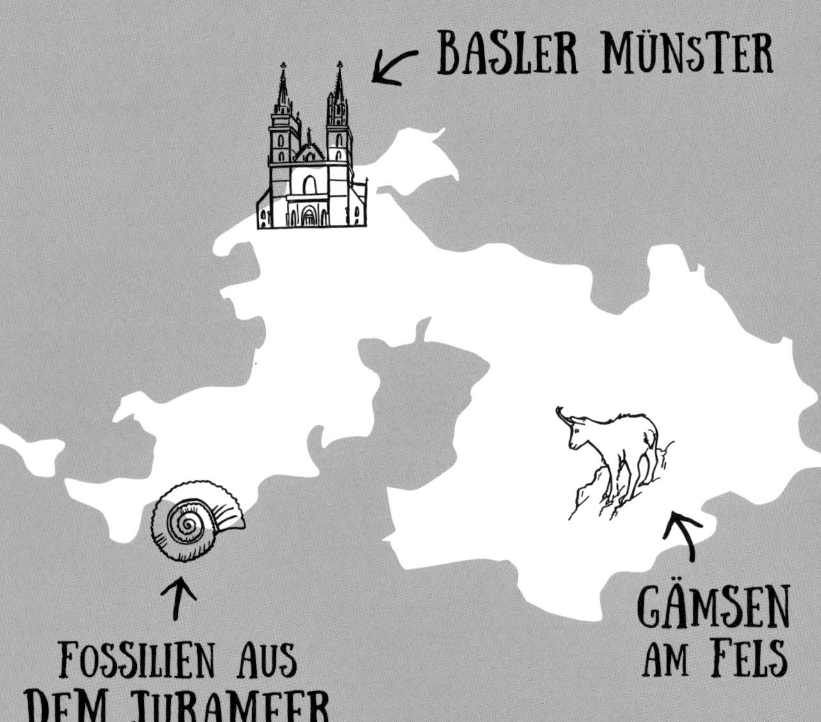

Ein- und Überblick

Karten für den schnellen Überblick, praktische Tipps, mehr über die Autorin sowie ein Ortsregister zum schnellen Nachschlagen gibt es auf den folgenden Seiten.

GPX-Download Seite 224

Übersichtskarten Seite 225

Impressum Seite 228

Gut zu wissen Seite 229

Register Seite 230

Über die Autorin Seite 231

Fünf besondere Empfehlungen Seite 232

GPX-Download aufs Smartphone – so geht's

Voraussetzung:

Eine Outdoor-App muss installiert sein, z. B. KOMPASS, Outdooractive oder komoot. Zum Einlesen des QR-Codes benötigen Android-Geräte eine QR-Code-App. Bei iOS-Geräten ist diese Funktion in der Kamera integriert.

Daten downloaden:

1. Den QR-Code einlesen oder die Webadresse im Browser eingeben, um auf die Eskapaden-Website zu gelangen.
2. Die gewünschte Tour zum Download anklicken.
3. Bei iOS-Geräten werden die GPX-Daten direkt mit der vorab installierten App verknüpft. Bei Android-Geräten muss ggf. noch ein Weiterleiten-Button angeklickt werden (z. B. oben rechts im Display). Manche Apps zeigen den Tourverlauf starr an, andere verfügen über eine Navigationsfunktion.

Tourenverlauf

GPX-Daten zum kostenlosen Download www.dumontreise.de/eskapaden/basel

short.travel/g9ub6

uf den folgenden Seiten: Die Eskapaden in drei
bersichtskarten zur Nordwestschweiz und Basel.
ie Ziffern stehen für die Eskapaden-Nummern.
DEUTSCHLAND
FRANKREICH
SCHWEIZ
SEITE 226
6 km
F
D
Endingen am Kaiserstuhl
Vogtsburg im Kaiserstuhl
Le Rhin / Rhein
Grand Canal d'Alsace
Canal de Huningue
Kandern
Zell im Wiesental
Schopfheim
Wehr
Wehra
Kander
Lörrach
Albbruck
Rhein
Laufenburg
Saint-Louis
Riehen
Basel
Rheinfelden (Baden)
Bad Säckingen
Gersbach
Oberwil
Reinach
Aesch
Pratteln
Liestal
Ergolz
Birs
Lill
La Lucelle
Delémont
La Scheulte
La Gabiare
Welschenrohr
Oensingen
Olten
Oftringen
Zofingen
Pfaffnern
Aare
Suhr
Suhre
Lenzburg
Wohlen
Brugg
Lupfig
Wettinger
Reuss
Aabach
Wyna
Ruederchen
Hallwilersee
Bünz
Limmat
Wa
46
49
21
43
27
35
50
40
52
22
37
38
48

FRANKREICH
DEUTSCHLAND
SCHWEIZ
Saint-Louis
Weil am Rhein
Riehen
Basel
Birsfelden
Grenzach
Allschwil
Binningen
Muttenz
SEITE 227
Wyhlen
Pratteln
Rheinfelden (Baden)
Möhlin
Bad Säckingen
Zeiningen
Magden
Frenkendorf
Oberwil
Therwil
Reinach
Arlesheim
Aesch
Liestal
Lausen
Bubendorf
Ramlinsburg
Zunzgen
Gelterkinden
Tenniken
Känerkinden
Läufelfingen
Wenslingen
Anwil
Wittnau
Zeglingen
Stüsslingen
Duggingen
Grellingen
Breitenbach
Reigoldswil
Niederdorf
Oberdorf
Rhein
Wiese
Wehra
Möhlinbach
Birsig
Birs
Ergolz
Frenke
Hintere Frenke
Vordere Frenke
3 km
1
2
3
5
6
7
10
13
14
16
18
20
23
24
25
26
28
29
30
31
32
33
34
35
36
39
41
42
44
47
51
98

St. Johann
Matthäus
Hirzbrunnen
Riehen
Rosental
Clara
Altstadt Kleinbasel
Wettstein
Iselin
Am Ring
Basel
Gotthelf
Vorstädte
Breite
Birsfelden
Grenzach
Basler Straße
SCHWEIZ
DEUTSCHLAND
Hörnle
St. Alban
Bachletten
Gundeldingen
Binningen
Bruderholz
Bottmingen
Muttenz
Rhein
Birs
Birsig
Burgfelderstrasse
Mülhauserstrasse
Strassburgerallee
Missionsstrasse
Spalenring
Morgartenring
Wanderstrasse
Steinenring
Neubadstrasse
Laupenring
Holeestrasse
Schönaustrasse
Riehenring
Riehenstrasse
Schwarzwaldallee
Baumlihofstrasse
Allmendstrasse
Grenzacherstrasse
Wettsteinbrücke
Zürcherstrasse
St. Alban-Anlage
Hardstrasse
St. Jakobs-Strasse
Hauptstr.
Rheinfelderstr.
Sternenfeldstrasse
Birseckstrasse
Rheinfelderstrasse
Münchensteinerstrasse
Dornacherstrasse
Gundeldingerstrasse
Walkeweg
Reinacherstrasse
Birsfelderstrasse
Sankt Jakob-Strasse
Kriegackerstrasse
St. Jakobs-Strasse
Prattelerstrasse
Bruderholzstrasse
Baselstrasse
Hauptstrasse
Baslerstrasse
Paradiesstrasse
Benkenstrasse
Oberwilerstrasse
Bottmingerstrasse
Fiechthagstrasse
600 m
1
2
3
4
7
8
9
11
12
15
17
18
19
34
45

NOCH MEHR ESKAPADEN ...

ISBN 978-3-616-11010-3

ISBN 978-3-616-11012-7

ISBN 978-3-7701-8090-5

... erhalten Sie im gut sortierten Buchhandel und unter www.dumontreise.de

IMPRESSUM

Reihenkonzept Monique Sorban

Projektmanagement Svenja Heinle

Cover-/Buchgestaltung & Illustrationen Carolin Weidemann, Köln, www.weidemann-design.com

Layout & Satz Sieveking • Agentur für Kommunikation, München, www.sieveking-agentur.de

Lektorat Gabriele Kalmbach, Köln, www.gabrielekalmbach.de

Texte & Fotos Barbara Saladin, Hemmiken; mit folgenden Ausnahmen: iStock.com/kontrast-fotodesign (Titelseite), Beat Fischer (S. 82, 83, 84 l. u., 84 r.); Manuel Freiburghaus (S. 176, 179); Sabina Bösch (S. 177, 178 r.)

Kartografie © KOMPASS, Innsbruck, unter Verwendung von Kartendaten von OpenStreetMap, Lizenz CC-BY-SA 2.0

Printed in Poland

1. Auflage 2020

ISBN 978-3-616-11004-2

www.dumontreise.de

Weiterlesen

Weiterlesen: Das Magazin »Basel live« von Pro Innenstadt Basel liefert 3x pro Jahr Hintergründe und Tipps zur Stadt. »Baselland entdecken« von Baselland Tourismus erscheint 4x jährlich mit Vorschlägen sowie Veranstaltungs- und Freizeittipps im Kanton Baselland.

Geschmackssachen

Typisches Essen der Region Basel? Außer an der Basler Fasnacht (Mählsuppe und Ziibelewaie) ist alles möglich, von rustikal bis gehoben. Auf diversen Wochen- und Spezialmärkten in Stadt und Land gibt's zudem frische lokale Produkte.

GUT ZU WISSEN …

Ohne Auto

Der öffentliche Verkehr ist in Stadtnähe bestens ausgebaut. Je weiter auf dem Land, desto dünner wird das Netz und desto mehr Geduld braucht es unter Umständen, bis das nächste Postauto kommt (Bus- und Bahnverbindungen: www.sbb.ch). Den Fahrplan der einzigen Seilbahn der Region gibt es auf www.region-wasserfallen.ch und jener der Rheinschiffe auf www.bpg.ch zu finden.

Sicherheit & Notfälle

Hilfe im Notfall gibt es – egal in welchem Kanton – über die internationale Notrufnummer 112. Dort werden zentral die nötigen Rettungskräfte alarmiert. Telefon der Schweizerischen Rettungsflugwacht: 1414.

Vor Ort im Netz

Vor Ort im Netz: Basel Tourismus (www.basel.com) und Baselland Tourismus (www.baselland-tourismus.ch) halten zahlreiche Tipps und Vorschläge zu Outdoor-Erlebnissen bereit. Naturparks in der Region: www.naturparkthal.ch und www.jurapark-aargau.ch

ESKAPADEN-REGISTER ...

Alle Orte mit Seitenverweisen

Allerheiligenberg 156
Altvogtsburg 197
Arlesheim 14, 70, 114
Augusta Raurica 164

Bad Ramsach 215
Balsthal 162
Bärenloch 211
Bärschwil 149
Basel, Münster 67
Belchenfluh 95
Binningen 82
Bruderholz 11
Buschberg 140

Chaltbrunnental 117
Chastelbachtal 117
Chellenchöpfli 176
Chrindeltal 125

Diegten 64, 105
Diepflingen 136
Dornach 15
Dreiländereck 75

Eptingen 105
Ermitage 70

Farnsberg 133
Friedhof Hörnli 43

Giessen 125
Goetheanum 14
Grottenburg Riedfluh 105
Guldental 169

Haltingen 208
Hornfelsen 42
Hüenersädel 59
Huningue 91

Jurapark Aargau 202

Kaiseraugst 191
Kaiserstuhl 194
Kandern 207
Kleinbasel 19, 68
Kloster Dornach 199

Langenbruck 219
Laufen 182
Laufental 120
Lausen 79
Lauwil 173
Leymen 182
Linn 204

Magden 27
Maisprach 29
Merian Gärten 51
Möhlin 35
Mümliswil 170
Muttenz 40

Naturpark Thal 161
Naturschutzgebiet Chilpen 62
Naturschutzgebiet Tal 109
Nenzlingen 121

Oltingen 108

Passwang 173
Petite Camargue Alsacienne 90
Pratteln 40

Ramlinsburg 79
Reigoldswil 177
Reinacherheide 113
Rheinfelden 47
Rickenbach 134
Riehen 31, 42
Ruine Bischofstein 60

Schauenburgfluh 145
Sissach 59
Sonnenberg 27
St. Alban-Tal 54
Sternwarte St. Margarethen 82
Storchenstation Möhlin 34
Sulzchopf 145

Tecknau 87
Tierpark Lange Erlen 19
Trimbach 136
Tüfelsschlucht 156

Ulmet 173

Waldenburg 100
Wartenberg 40
Welschenrohr 211
Wenkenpark 32
Wenslingen 87
Wildenstein 129
Wisenberg 215
Wittnau 141

Zeglingen 153

BARBARA SALADIN

... über die Autorin

Barbara Saladin ist auf dem Land aufgewachsen, verbrachte 13 Jahre in der Stadt Basel und lebt heute in einem der kleinsten Dörfer des Oberbaselbiets. Mit der Nordwestschweiz setzt sie sich sowohl als freie Journalistin und Sachbuchautorin als auch als Krimischriftstellerin intensiv auseinander – also einerseits mit den kulturellen, historischen und gesellschaftlichen Fakten und andererseits mit den fiktionalen Abgründen der Region. Auch der erste Oberbaselbieter Kinofilm geht übrigens auf ihr Konto. Sie findet Entspannung, Spannung und Inspiration in der regionalen Natur. Viel Spaß beim Stöbern auf ihrer Internetseite www.barbarasaladin.ch!

Turmhoch

Eskapade #15: Basels Sehenswürdigkeit mal anders, nämlich von oben, mit der Stadt zu Füßen. Die Turmbesteigung des Basler Münsters eröffnet ganz neue Horizonte und ersetzt zudem noch das Step-Aerobic-Training im Fitnesszentrum.

Am Wasser

Eskapade #21: Von der Basler Mittleren Brücke zu Fuß bis ans Meer. Na ja, fast ... Zumindest bis zum Rheinhafen und zur Sandoase, wo Schiffe und Palmen warten.

FÜNF BESONDERE EMPFEHLUNGEN ...

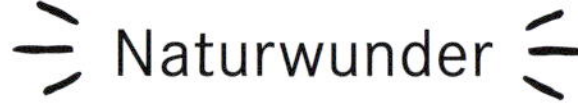

Naturwunder

Eskapade #25: Frühlingserwachen in der Natur – was gibt es Schöneres? Die Vögel singen, die Kröten feiern Hochzeit, der Bärlauch sprießt. Höchste Zeit, sich der Faszination von Flora und Fauna im Ergolztal hinzugeben.

Auf großem Fuß

Eskapade #42: Nicht nur in der warmen Jahreszeit ist der Baselbieter Jura eine Reise wert, sondern auch bei Schnee. Darum: Schneeschuhe angeschnallt – der Berg ruft!

Weitblick

Eskapade #51: Sonnenuntergang auf dem Aussichtsturm auf dem Wisenberg, mit einem unvergleichlichen 360°-Grad-Panorama. Und dann durch den nächtlichen Wald zurück zum Hotel. Welch ein Abenteuer!